中华优秀传统文化在现代管理中的创造性转化与创新性发展工程
“中华优秀传统文化与现代管理融合”丛书

孝风德雨润菜乡

王茂兴◎主编

图书在版编目（CIP）数据

孝风德雨润菜乡 / 王茂兴主编. -- 北京 : 企业管理出版社, 2025. 6. --（“中华优秀传统文化与现代管理融合”丛书）. -- ISBN 978-7-5164-3256-3

Ⅰ. K203

中国国家版本馆CIP数据核字第20257WM715号

书　　名：孝风德雨润菜乡
书　　号：ISBN 978-7-5164-3256-3
作　　者：王茂兴
责任编辑：耳海燕
特约设计：李晶晶
出版发行：企业管理出版社
经　　销：新华书店
地　　址：北京市海淀区紫竹院南路17号　邮　　编：100048
网　　址：http://www. emph. cn　电子信箱：94204224@qq.com
电　　话：编辑部（010）68416775　发行部（010）68417763　68414644
印　　刷：北京联兴盛业印刷股份有限公司
版　　次：2025年6月第1版
印　　次：2025年6月第1次印刷
开　　本：710mm × 1000mm　1/16
印　　张：16
字　　数：195千字
定　　价：78.00元

编　委　会

冯彦明　中央民族大学经济学院教授
巩见刚　大连理工大学公共管理学院副教授
毕建欣　宁波财经学院金融与信息学院金融工程系主任
吕　力　扬州大学商学院教授，扬州大学新工商文明与中国传统文化研究中心主任
刘文锦　宁夏民生房地产开发有限公司董事长
刘鹏凯　江苏黑松林粘合剂厂有限公司董事长
齐善鸿　南开大学商学院教授
江端预　株洲千金药业股份有限公司原党委书记、董事长
严家明　中国商业文化研究会范蠡文化研究分会执行会长兼秘书长
苏　勇　复旦大学管理学院教授，复旦大学东方管理研究院创始院长
李小虎　佛山市法萨建材有限公司董事长
李文明　江西财经大学工商管理学院教授
李景春　山西天元集团创始人
李曦辉　中央民族大学管理学院教授
吴通福　江西财经大学中国管理思想研究院教授
吴照云　江西财经大学原副校长、教授
吴满辉　广东鑫风风机有限公司董事长
余来明　武汉大学中国传统文化研究中心副主任
辛　杰　山东大学管理学院教授
张　华　广东省蓝态幸福文化公益基金会理事长
张卫东　太原学院管理系主任、教授
张正明　广州市伟正金属构件有限公司董事长
张守刚　江西财经大学工商管理学院市场营销系副主任
陈　中　扬州大学商学院副教授
陈　静　企业管理出版社社长兼总编辑
陈晓霞　孟子研究院党委书记、院长、研究员
范立方　广东省蓝态幸福文化公益基金会秘书长

范希春　中国商业文化研究会中华优秀传统文化传承发展分会专家委员会专家

林　嵩　中央财经大学商学院院长、教授

罗　敏　英德华粤艺术学校校长

周卫中　中央财经大学中国企业研究中心主任、商学院教授

周文生　范蠡文化研究（中国）联会秘书长，苏州干部学院特聘教授

郑俊飞　广州穗华口腔医院总裁

郑济洲　福建省委党校科学社会主义与政治学教研部副主任

赵德存　山东鲁泰建材科技集团有限公司党委书记、董事长

胡国栋　东北财经大学工商管理学院教授，中国管理思想研究院院长

胡海波　江西财经大学工商管理学院院长、教授

战　伟　广州叁谷文化传媒有限公司 CEO

钟　尉　江西财经大学工商管理学院讲师、系支部书记

宫玉振　北京大学国家发展研究院发树讲席教授、BiMBA 商学院副院长兼 FMBA 学术主任

姚咏梅　《企业家》杂志社企业文化研究中心主任

莫林虎　中央财经大学文化与传媒学院学术委员会副主任、教授

贾旭东　兰州大学管理学院教授，“中国管理 50 人”成员

贾利军　华东师范大学经济与管理学院教授

晁　罡　华南理工大学工商管理学院教授、CSR 研究中心主任

倪　春　江苏先锋党建研究院院长

徐立国　西安交通大学管理学院副教授

殷　雄　中国广核集团专职董事

凌　琳　广州德生智能信息技术有限公司总经理

郭　毅　华东理工大学商学院教授

郭国庆　中国人民大学商学院教授，中国人民大学中国市场营销研究中心主任

序　一

/

以中华优秀传统文化为源　启中国式现代管理新篇

中华优秀传统文化形成于中华民族漫长的历史发展过程中，不断被创造和丰富，不断推陈出新、与时俱进，成为滋养中国式现代化的不竭营养。它包含的丰富哲学思想、价值观念、艺术情趣和科学智慧，是中华民族的宝贵精神矿藏。党的十八大以来，以习近平同志为核心的党中央高度重视中华优秀传统文化的创造性转化和创新性发展。习近平总书记指出“中华优秀传统文化是中华民族的精神命脉，是涵养社会主义核心价值观的重要源泉，也是我们在世界文化激荡中站稳脚跟的坚实根基”。

管理既是人类的一项基本实践活动，也是一个理论研究领域。随着社会的发展，管理在各个领域变得越来越重要。从个体管理到组织管理，从经济管理到政务管理，从作坊管理到企业管理，管理不断被赋予新的意义和充实新的内容。而在历史进程中，一个国家的文化将不可避免地对管理产生巨大的影响，可以说，每一个重要时期的管理方式无不带有深深的文化印记。随着中国步入新时代，在管理领域实施中华优秀传统文化的创造性转化和创新性发展，已经成为一项应用面广、需求量大、题材丰富、潜力巨大的工作，在一些重要领域可能产生重大的理论突破和丰硕的实践成果。

第一，中华优秀传统文化中蕴含着丰富的管理思想。中华优秀传统文化源远流长、博大精深，在管理方面有着极为丰富的内涵等待提炼和转化。比如，儒家倡导“仁政”思想，强调执政者要以仁爱之心实施管理，尤其要注重道德感化与人文关怀。借助这种理念改善企业管理，将会推进构建和谐的组织人际关系，提升员工的忠诚度，增强其归属感。又如，道家的“无为而治”理念延伸到今天的企业管理之中，就是倡导顺应客观规律，避免过度干预，使组织在一种相对宽松自由的环境中实现自我调节与发展，管理者与员工可各安其位、各司其职，充分发挥个体的创造力。再如，法家的“法治”观念启示企业管理要建立健全规章制度，以严谨的体制机制确保组织运行的有序性与规范性，做到赏罚分明，激励员工积极进取。可以明确，中华优秀传统文化为现代管理提供了多元的探索视角与深厚的理论基石。

第二，现代管理越来越重视文化的功能和作用。现代管理是在人类社会工业化进程中产生并发展的科学工具，对人类经济社会发展起到了至关重要的推进作用。自近代西方工业革命前后，现代管理理念与方法不断创造革新，在推动企业从传统的小作坊模式向大规模、高效率的现代化企业，进而向数字化企业转型的过程中，文化的作用被空前强调，由此衍生的企业使命、愿景、价值观成为企业发展最为强劲的内生动力。以文化引导的科学管理，要求不仅要有合理的组织架构设计、生产流程优化等手段，而且要有周密的人力资源规划、奖惩激励机制等方法，这都极大地增强了员工在企业中的归属感并促进员工发挥能动作用，在创造更多的经济价值的同时体现重要的社会价值。以人为本的现代管理之所以在推动产业升级、促进经济增长、提升国际竞争力等方面须臾不可缺少，是因为其体现出企业的使命不仅是获取利润，更要注重社会责任与可持续发展，在环境保护、社会公平等方面发挥积极影响力，推动人类社会向着更加文明、和谐、包容、可持续的方向迈进。今天，管理又面临数字技术的挑战，更加需要更多元的思想基础和文化资源的支持。

第三，中华优秀传统文化与现代管理结合研究具有极强的必要性。随着全球经济一体化进程的加速，文化多元化背景下的管理面临着前所未有的挑战与机遇。一方面，现代管理理论多源于西方，在应用于本土企业与组织时，往往会出现“水土不服”的现象，难以充分契合中国员工与生俱来的文化背景与社会心理。中华优秀传统文化所蕴含的价值观、思维方式与行为准则能够为现代管理面对中国员工时提供本土化的解决方案，使其更具适应性与生命力。另一方面，中华优秀传统文化因其指导性、亲和性、教化性而能够在现代企业中找到新的传承与发展路径，其与现代管理的结合能够为经济与社会注入新的活力，从而实现优秀传统文化在企业管理实践中的创造性转化和创新性发展。这种结合不仅有助于提升中国企业与组织的管理水平，增强文化自信，还能够为世界管理理论贡献独特的中国智慧与中国方案，促进不同文化的交流互鉴与共同发展。

近年来，中国企业在钢铁、建材、石化、高铁、电子、航空航天、新能源汽车等领域通过锻长板、补短板、强弱项，大步迈向全球产业链和价值链的中高端，成果显著。中国企业取得的每一个成就、每一项进步，离不开中国特色现代管理思想、理论、知识、方法的应用与创新。中国特色的现代管理既有“洋为中用”的丰富内容，也与中华优秀传统文化的“古为今用”密不可分。

“中华优秀传统文化与现代管理融合”丛书（以下简称“丛书”）正是在这一时代背景下应运而生的，旨在为中华优秀传统文化与现代管理的深度融合探寻路径、总结经验、提供借鉴，为推动中国特色现代管理事业贡献智慧与力量。

“丛书”汇聚了中国传统文化学者和实践专家双方的力量，尝试从现代管理领域常见、常用的知识、概念角度细分开来，在每个现代管理细分领域，回望追溯中华优秀传统文化中的对应领域，重在通过有强大生命力的思想和智慧精华，以“古今融会贯通”的方式，进行深入研究、探索，以期推出对我国现代管理有更强滋养力和更高使用价值的系列成果。

文化学者的治学之道，往往是深入研究经典文献，挖掘其中蕴含的智慧，并对其进行系统性的整理与理论升华。据此形成的中华优秀传统文化为现代管理提供了深厚的文化底蕴与理论支撑。研究者从浩瀚典籍中梳理出优秀传统文化在不同历史时期的管理实践案例，分析其成功经验与失败教训，为现代管理提供了宝贵的历史借鉴。

实践专家则将传统文化理念应用于实际管理工作中，通过在企业或组织内部开展文化建设、管理模式创新等实践活动，检验传统文化在现代管理中的可行性与有效性，并根据实践反馈不断调整与完善应用方法。他们从企业或组织运营的微观层面出发，为传统文化与现代管理的结合提供了丰富的实践经验与现实案例，使传统文化在现代管理中的应用更具操作性与针对性。

“丛书”涵盖了从传统文化与现代管理理论研究到不同行业、不同领域应用实践案例分析等多方面内容，形成了一套较为完整的知识体系。“丛书”不仅是研究成果的结晶，更可看作传播中华优秀传统文化与现代管理理念的重要尝试。还可以将“丛书”看作一座丰富的知识宝库，它全方位、多层次地为广大读者提供了中华优秀传统文化在现代管理中应用与发展的工具包。

可以毫不夸张地说，每一本图书都凝聚着作者的智慧与心血，或是对某一传统管理思想在现代管理语境下的创新性解读，或是对某一行业或领域运用优秀传统文化提升管理效能的深度探索，或是对传统文化与现代管理融合实践中成功案例与经验教训的详细总结。“丛书”通过文字的力量，将传统文化的魅力与现代管理的智慧传递给广大读者。

在未来的发展征程中，我们将持续深入推进中华优秀传统文化在现代管理中的创造性转化和创新性发展工作。我们坚信，在全社会的共同努力下，中华优秀传统文化必将在现代管理的广阔舞台上绽放出更加绚丽多彩的光芒。在中华优秀传统文化与现代管理融合发展的道路上砥砺前行，为实现中华民族伟大复兴的中国梦做出更大的贡献！

是为序。

朱宏任

中国企业联合会、中国企业家协会

党委书记、常务副会长兼秘书长

序　二

/

文化传承　任重道远

财政部国资预算项目“中华优秀传统文化在现代管理中的创造性转化与创新性发展工程”系列成果——“中华优秀传统文化与现代管理融合”丛书和读者见面了。

一

这是一组可贵的成果，也是一组不够完美的成果。

说她可贵，因为这是大力弘扬中华优秀传统文化（以下简称优秀文化）、提升文化自信、“振民育德”的工作成果。

说她可贵，因为这套丛书汇集了国内该领域一批优秀专家学者的优秀研究成果和一批真心践行优秀文化的企业和社会机构的卓有成效的经验。

说她可贵，因为这套成果是近年来传统文化与现代管理有效融合的规模最大的成果之一。

说她可贵，还因为这个项目得到了财政部、国务院国资委、中国企业联合会等部门的宝贵指导和支持，得到了许多专家学者、企业家等朋友的无私帮助。

说她不够完美，因为学习践行传承发展优秀文化永无止境、永远在进步完善的路上，正如王阳明所讲“善无尽”“未有止”。

说她不够完美，因为优秀文化在现代管理的创造性转化与创新性发展中，还需要更多的研究专家、社会力量投入其中。

说她不够完美，还因为在践行优秀文化过程中，很多单位尚处于摸索阶段，且需要更多真心践行优秀文化的个人和组织。

当然，项目结项时间紧、任务重，也是一个逆向推动的因素。

二

2022年，在征求多位管理专家和管理者意见的基础上，我们根据有关文件精神和要求，成立专门领导小组，认真准备，申报国资预算项目“中华优秀传统文化在现代管理中的创造性转化与创新性发展工程”。经过严格的评审筛选，我们荣幸地获准承担该项目的总运作任务。之后，我们就紧锣密鼓地开始了调研工作，走访研究机构和专家，考察践行优秀文化的企业和社会机构，寻找适合承担子项目的专家学者和实践单位。

最初我们的计划是，该项目分成“管理自己”“管理他人”“管理事务”“实践案例”几部分，共由60多个子项目组成；且主要由专家学者的研究成果专著组成，再加上几个实践案例。但是，在调研的初期，我们发现一些新情况，于是基于客观现实，适时做出了调整。

第一，我们知道做好该项目的工作难度，因为我们预想，在优秀文化和现代管理两个领域都有较深造诣并能融会贯通的专家学者不够多。在调研过程中，我们很快发现，实际上这样的专家学者比我们预想的更少。与此同时，我们在广东等地考察调研过程中，发现有一批真心践行优秀文化的企业和社会机构。经过慎重研究，我们决定适当提高践行案例比重，研究专著占比适当降低，但绝对数不一定减少，必要时可加大自有资金投入，支持更多优秀项目。

第二，对于子项目的具体设置，我们不执着于最初的设想，固定甚至限制在一些话题里，而是根据实际“供给方”和“需求方”情况，实事求是地做必要的调整，旨在吸引更多优秀专家、践行者参与项目，支持更多优秀文化与现代管理融合的优秀成果研发和实践案例创作的出版宣传，以利于文化传承发展。

第三，开始阶段，我们主要以推荐的方式选择承担子项目的专家、企业和社会机构。运作一段时间后，考虑到这个项目的重要性和影响力，我们觉得应该面向全社会吸纳优秀专家和机构参与这个项目。在请示有关方面同意后，我们于2023年9月开始公开征集研究人员、研究成果和实践案例，并得到了广泛响应，许多人主动申请参与承担子项目。

三

这个项目从开始就注重社会效益，我们按照有关文件精神，对子项目研发创作提出了不同于一般研究课题的建议，形成了这个项目自身的特点。

（一）重视情怀与担当

我们很重视参与项目的专家和机构在弘扬优秀文化方面的情怀和担当，比如，要求子项目承担人“发心要正，导人向善”“充分体现优秀文化‘优秀’二字内涵，对传统文化去粗取精、去伪存真”等。这一点与通常的课题项目有明显不同。

（二）子项目内容覆盖面广

一是众多专家学者从不同角度将优秀文化与现代管理有机融合。二是在确保质量的前提下，充分考虑到子项目的代表性和示范效果，聚合了企业、学校、社区、医院、培训机构及有地方政府背景的机构；其他还有民间传统智慧等内容。

（三）研究范式和叙述方式的创新

我们提倡“选择现代管理的一个领域，把与此密切相关的优秀文化高度融合、打成一片，再以现代人喜闻乐见的形式，与选择的现代管理领域实现融会贯通”，在传统文化方面不局限于某人、某家某派、某经典，以避免顾此失彼、支离散乱。尽管在研究范式创新方面的实际效果还不够理想，有的专家甚至不习惯突破既有的研究范式和纯学术叙述方式，但还是有很多子项目在一定程度上实现了研究范式和叙述方式的创新。另外，在创作形式上，我们尽量发挥创作者的才华智慧，不做形式上的硬性要求，不因形式伤害内容。

（四）强调本体意识

“本体观”是中华优秀传统文化的重要标志，相当于王阳明强调的“宗旨”和“头脑”。两千多年来，特别是近现代以来，很多学者在认知优秀文化方面往往失其本体，多在细枝末节上下功夫；于是，著述虽多，有的却如王阳明讲的“不明其本，而徒事其末”。这次很多子项目内容在优秀文化端本清源和体用一源方面有了宝贵的探索。

（五）实践丰富，案例创新

案例部分加强了践行优秀文化带来的生动事例和感人故事，给人以触动和启示。比如，有的地方践行优秀文化后，离婚率、刑事案件大幅度下降；有家房地产开发商，在企业最困难的时候，仍将大部分现金支付给建筑商，说“他们更难”；有的企业上新项目时，首先问的是“这个项目有没有公害？”“符不符合国家发展大势？”“能不能切实帮到一批人？”；有家民营职业学校，以前不少学生素质不高，后来他们以优秀文化教化学生，收到良好效果，学生素质明显提高，有的家长流着眼泪跟校长道谢：“感谢学校救了我们全家！”；等等。

四

调研考察过程也是我们学习总结反省的过程。通过调研，我们学到了许多书本中学不到的东西，收获了满满的启发和感动。同时，我们发现，在学习阐释践行优秀文化上，有些基本问题还需要进一步厘清和重视。试举几点：

（一）“小学”与“大学”

这里的“小学”指的是传统意义上的文字学、音韵学、训诂学等，而“大学”是指“大学之道在明明德”的大学。现在，不少学者特别是文史哲背景的学者，在“小学”范畴苦苦用功，做出了很多学术成果，还需要在“大学”修身悟本上下功夫。陆九渊说：“读书固不可不晓文义，然只以晓文义为是，只是儿童之学，须看意旨所在。”又说“血脉不明，沉溺章句何益？”

（二）王道与霸道

霸道更契合现代竞争理念，所以更为今人所看重。商学领域的很多人都偏爱霸道，认为王道是慢功夫、不现实，霸道更功利、见效快。孟子说：“仲尼之徒无道桓、文之事者。”（桓、文指的是齐桓公和晋文公，春秋著名两霸）王阳明更说这是“孔门家法”。对于王道和霸道，王阳明在其“拔本塞源论”中有专门论述：“三代之衰，王道熄而霸术焻……霸者之徒，窃取先王之近似者，假之于外，以内济其私己之欲，天下靡然而宗之，圣人之道遂以芜塞。相仿相效，日求所以富强之说，倾诈之谋，攻伐之计……既其久也，斗争劫夺，不胜其祸……而霸术亦有所不能行矣。”

其实，霸道思想在工业化以来的西方思想家和学者论著中体现得很多。虽然工业化确实给人类带来了福祉，但是也带来了许多不良后果。联合国《未来契约》（2024年）中指出：“我们面临日益严峻、关乎存亡的灾难性风险”。

（三）小人儒与君子儒

在“小人儒与君子儒”方面，其实还是一个是否明白优秀文化的本体问题。陆九渊说：“古之所谓小人儒者，亦不过依据末节细行以自律”，而君子儒简单来说是“修身上达”。现在很多真心践行优秀文化的个人和单位做得很好，但也有些人和机构，日常所做不少都还停留在小人儒层面。这些当然非常重要，因为我们在这方面严重缺课，需要好好补课，但是不能局限于或满足于小人儒，要时刻也不能忘了行“君子儒”。不可把小人儒当作优秀文化的究竟内涵，这样会误己误人。

（四）以财发身与以身发财

《大学》讲：“仁者以财发身，不仁者以身发财”。以财发身的目的是修身做人，以身发财的目的是逐利。我们看到有的身家亿万的人活得很辛苦、焦虑不安，这在一定意义上讲就是以身发财。我们在调查过程中也发现有的企业家通过学习践行优秀文化，从办企业“焦虑多”“压力大”到办企业“有欢喜心”。王阳明说：“常快活便是功夫。”“有欢喜心”的企业往往员工满足感、幸福感更强，事业也更顺利，因为他们不再贪婪自私甚至损人利己，而是充满善念和爱心，更符合天理，所谓“得道者多助”。

（五）喻义与喻利

子曰：“君子喻于义，小人喻于利”。义利关系在传统文化中是一个很重要的话题，也是优秀文化与现代管理融合绕不开的话题。前面讲到的那家开发商，在企业困难的时候，仍坚持把大部分现金支付给建筑商，他们收获的是“做好事，好事来”。相反，在文化传承中，有的机构打着“文化搭台经济唱戏”的幌子，利用人们学习优秀文化的热情，搞媚俗的文化活动赚钱，歪曲了优秀文化的内涵和价值，影响很坏。我们发现，在义利观方面，一是很多情况下把义和利当作对立的两个方面；二是对义利观的认知似乎每况愈下，特别是在西方近代资本主义精神和人性恶假设背景下，对人性恶的利用和鼓励（所谓“私恶即公利”），出现了太多的重利轻义、危害社会的行为，以致产生了联合国《未来契约》中“可持续发展目标的实现岌岌可危”的情况。人类只有树立正确的义利观，才能共同构建人类命运共同体。

（六）笃行与空谈

党的十八大以来，党中央坚持把文化建设摆在治国理政突出位置，全国上下掀起了弘扬中华优秀传统文化的热潮，文化建设在正本清源、守正创新中取得了历史性成就。在大好形势下，有一些个人和机构在真心学习践行优秀文化方面存在不足，他们往往只停留在口头说教、走过场、做表面文章，缺乏真心真实笃行。他们这么做，是对群众学习传承优秀文化的误导，影响不好。

五

文化关乎国本、国运，是一个国家、一个民族发展中最基本、最深沉、最持久的力量。

中华文明源远流长，中华文化博大精深。弘扬中华优秀传统文化任重道远。

“中华优秀传统文化与现代管理融合”丛书的出版，不仅凝聚了子项目承担者的优秀研究成果和实践经验，同事们也付出了很大努力。我们在项目组织运作和编辑出版工作中，仍会存在这样那样的缺点和不足。成绩是我们进一步做好工作的动力，不足是我们今后努力的潜力。真诚期待广大专家学者、企业家、管理者、读者，对我们的工作提出批评指正，帮助我们改进、成长。

企业管理出版社国资预算项目领导小组

前　　言

弥水汤汤，昼夜不舍，源蒙沂而注沧海，润膏壤以育文明。《易经》云：“观乎天文，以察时变；观乎人文，以化成天下。”中华优秀传统文化博大精深、源远流长，是中华民族的“根”和“魂”。寿光天地毓秀灵气所钟，在弥水之慧，在仓颉之智，更在2100多年来“衣冠文采，标盛东齐”的寿光文脉和文明薪火之中。

寿光是“中国蔬菜之乡”，亦称“菜乡”，是夏代斟灌国、西周纪国的建都地，自古以来以丰厚的文化底蕴镌刻中华文明演进历程。往昔文圣仓颉仰观奎象、俯察兽迹，创鸟迹之书，启华夏文枢；农圣贾思勰采集经谣、钩稽农谚，著齐民之术，立穑事圭臬。今日在冬暖式大棚的透明穹顶下，寿光人又续写着“起自耕农，终于醯醢”的绿色传奇。寿光文脉的密码，深藏在仓颉造字的灵光里，书写在《齐民要术》的字句间，更生发于冬暖式大棚的幼苗中，生生不息的文化基因在代代寿光人的血脉中奔流。

进入新时代，寿光人民更是以与人为善的孝德情怀和自强不息的奋斗精神，努力打造新时代文明实践的县域样板。从2015年开始，寿光市认真贯彻落实习近平总书记关于弘扬中华优秀传统文化的重要指示精神，成立了传承发展中华优秀传统文化实施公民道德建设工程领导小组，从城市到乡村、从机关到学校、从线上到线下广泛开展中华优秀传统文化“六进”活动，打造了婚姻家庭志愿辅导、美德健康“家长学校”、家庭家教家风建设、孝老饺子宴等工作品牌。弘扬中华优秀传统文化的热潮在菜乡大地持续奔涌，孝老爱亲、向上向善、爱家爱国的文明风尚持续汇聚，成为寿光不断爬坡过坎、扛旗争优的精神所在、力量所在。

“夫孝，天之经也，地之义也，民之行也。”孝德不仅是家庭伦理的核心，更是道德的根本、教化的起点和社会的基石，是中华文明绵延不断的重要精神支柱。寿光的弘扬中华优秀传统文化之路就是从“孝德”文化着手推动的，至今已有十年之久，先后出版了《孝德教育读本》《新时代君子之道》《严父慈母》等一批有思想、有情怀、有温度的高质量好书，现在这本《孝风德雨润菜乡》又将付梓。本书系统梳理了寿光传承弘扬中华优秀传统文化的思路、成果和典型案例，这些思路、成果和典型案例既是县域层面对中华优秀传统文化创造性转化和创新性发展的实践探索，也是对以中华优秀传统文化赋能经济社会高质量发展工作的经验总结，更是对千百年寿光文脉的接续传承、发扬光大，是利国利民的好事善事。

习近平总书记提出“中华优秀传统文化是中华民族的精神命脉，是涵养社会主义核心价值观的重要源泉，也是我们在世界文化激荡中站稳脚跟的坚实根基”。在推进中国式现代化新征程上，寿光正迎来凤凰涅槃、浴火重生的重大关口期，深切希望寿光关心下一代工作委员会及各镇（街区）、各部门单位持续发力，锚定“勇挑大梁”“带好头、走在前”的目标，苦干实干，以“寿光模式”为引领打造具有鲜明地域特色的农耕文化新范例、新路径。深切希望寿光广大市民尤其是党员干部和年轻一代，传承和发扬好“孝德”文化这一寿光传统特色，让孝风德雨滋润菜乡的每一寸土地，成为涌动在寿光城乡文明血脉中的最强基因和助推产业发展的最大动能，齐心协力筑牢“三圣”文化根基、发扬光大寿光文脉，为实现中华民族伟大复兴贡献寿光智慧、寿光力量。

是为序。

中共寿光市委书记

2025年4月

本书编委会

目　录

/

第一章

乡村振兴

学习中华优秀传统文化　推进城乡文化文明建设及社会治理

寿光市传承发展中华优秀传统文化
实施公民道德建设工程领导小组办公室

近年来，寿光市委、市政府认真贯彻落实习近平总书记关于马克思主义与中华优秀传统文化相结合的重要指示精神，在全市城乡开展了学习弘扬中华优秀传统文化活动，取得了初步成效，市民的道德素养有了明显提升，乡村文明和谐之风越来越浓，一些社会治理中的问题逐步得到化解。

一、提高对弘扬中华优秀传统文化重要性、迫切性的认识

首先，弘扬中华优秀传统文化是贯彻落实以习近平同志为核心的党中央号召部署的必然要求。党的十八大以来，以习近平同志为核心的党中央就发出了弘扬中华优秀传统文化的号召，习近平总书记做出了一系列重要指示，党的二十大报告中指出："坚持和发展马克思主义，必须同中华优秀传统文化相结合。"我们要坚决贯彻落实。

其次，弘扬中华优秀传统文化是中华文明传承的必然要求。中华优秀传统文化是中华民族的"根"和"魂"，每一个中华儿女必须学习传承、培"根"铸"魂"。

再次，弘扬中华优秀传统文化是实现中华民族伟大复兴的需要。党的二十大报告中指出："中国式现代化是物质文明和精神文明相协调的

现代化。物质富足、精神富有是社会主义现代化的根本要求。”

最后，弘扬中华优秀传统文化是助推公民道德建设和社会治理的需要。寿光市是山东省潍坊市所辖县级市，总面积 2072 平方公里，辖 15 个镇（街区），共有 968 个行政村（社区），是“中国蔬菜之乡”“中国海盐之都”。2024 年，寿光市地区生产总值达到 1028.7 亿元，完成公共预算收入过百亿元，先后荣获“国家卫生城市”“全国文明城市”等荣誉称号。

随着经济社会的发展，人民群众的物质文明水平得到很大提高，精神文明建设也需要同步发展。一些人出现了道德观念模糊甚至缺失的情况，反映在社会生活各个方面，出现了孝老爱亲不够、公共场所不讲文明礼貌、造假欺诈、离婚率上升等现象。造成这些问题的原因是多方面的，对中华优秀传统文化学习传承的缺失是主要原因之一。

二、传承发展中华优秀传统文化、实施公民道德建设工程，推进县域文化文明建设和社会治理

（一）加强组织领导

寿光市在 2015 年就成立了市委领导挂帅的中华优秀传统文化宣传教育中心。党的十九大召开后，市委、市政府成立了传承发展中华优秀传统文化实施公民道德建设工程领导小组，市委书记担任组长，相关单位负责人为成员。领导小组下设办公室，市委宣传部副部长兼任办公室主任。全市统一要求，15 个镇（街区）、145 个市直部门、968 个行政村（社区）、68 个大中型企业，全部成立了由单位主要负责人任组长的领导小组。

按照中央和山东省传承发展中华优秀传统文化的有关要求，寿光市委先后出台了《寿光市传承发展中华优秀传统文化推进乡村文化文明振

兴工作方案》《寿光市乡村普及学习中华优秀传统文化工作方案》等文件，在全市公民中开展“中华优秀传统文化普及学习”“文明行为养成”等“十大行动”，全面推进中华优秀传统文化进农村、进学校、进家庭、进机关、进企业、进网络“六进”活动。领导小组办公室在每年年初，制定印发《寿光市中华优秀传统文化普及学习工作计划》，对学习的时间、内容、方法等做出明确规定。

为推进弘扬中华优秀传统文化工作扎实落地，2020 年以来，市委、市政府将传承中华优秀传统文化工作纳入了全市经济社会发展综合考核体系，对举办中华优秀传统文化讲座、经典学习活动、孝老活动等进行量化计分，考核结果作为乡镇、市直部门全年工作评价的重要依据。

（二）培训骨干队伍，壮大传播力量

一是组建中华优秀传统文化志愿者讲师团。在县域弘扬中华优秀传统文化，关键是解决师资问题。寿光市于 2015 年 10 月成立了中华优秀传统文化志愿者讲师团，人员以退休干部、教师为主体，目前，志愿者讲师团成员已发展到 460 多人。为方便工作开展，将讲师团划分成 15 个小组，每镇（街区）一个小组（市直十大系统各有一个小组），组长由市人大、政协退休领导同志和市直部门退休的科级干部担任，负责协调推进本镇（街区）学校、农村、企业和市直部门的中华优秀传统文化普及学习工作。

二是培训千名中华优秀传统文化辅导员。在基层推进中华优秀传统文化普及教育工作，必须动员社会力量参与。2017 年 12 月，在各镇（街区）党政机关、市直部门、大中型企业及 968 个行政村（社区）各选聘了 1 ～ 2 名热爱中华优秀传统文化、热心公益事业的人员担任辅导员，利用 3 个月左右的时间，在党校开办了 6 期培训班，每期 5 天。采取当地领导及老师讲课、光盘教学、案例教学、学员诵读、交流分享等多种喜闻乐见的教学方式，收效良好，共培训中华优秀传统文化辅导员1260人，使他们成为中华优秀传统文化传播与践行的火种。有的辅导员回村当晚就利用村里的大喇叭宣讲，有的辅导员积极倡导、组织孝老活动，他们在弘扬中华优秀传统文化活动中发挥了重要的推动作用。

三是培训2000多名基层干部。2018年8月，中共中央办公厅印发了《关于建设新时代文明实践中心试点工作的指导意见》，寿光成为50个试点县（市、区）之一，主要内容是整合社会各方力量，建设一支群众身边的志愿者队伍，开展经常性、面对面、农村群众喜闻乐见的文明实践活动，大力培育和践行社会主义核心价值观，传承发展中华优秀传统文化，切实提高农村群众的道德水准、文明素养。据此，2018年年底，历时两个月，对全市968个村（社区）的党组织书记和妇联主席及市直机关、大中型企业分管负责人分13期进行了培训，每期3天。全市培训基层干部共计2300名，确保了各单位、各村学习中华优秀传统文化有人抓、有人讲。

四是加强自身学习，提高文化素养。为提高中华优秀传统文化志愿者讲师团成员和辅导员的水平，主要做了三点。第一，邀请领导和专家讲课培训。邀请了高以忱、赵法生、颜炳罡、吕明晰等名家授课指导，先后对讲师团成员进行了26次培训。第二，外出参加培训学习。第三，定期学习交流。建立了经典读书会学习制度，周六上午组织中华优秀传统文化经典读书会（两周一次），学习《大学》《论语》等经典著作，目前已组织经典读书会120多期；开通了“中华优秀传统文化讲师团”“幸福家庭”“中华优秀传统文化辅导员”等微信群，微信群总人数超过2000人，邀请北京、上海、济南、曲阜等地专家学者加入，定期指导交流。

（三）编印学习教材

文化是民族的血脉，是人民的精神家园，道德是文化的核心和精髓，孝德是道德的根本。为此，在专家的指导下，编写出版了《孝德教育读本》。读本中收录了《弟子规》《孝经》《寿光二十四孝》等内容，主旨是传承中华优秀传统文化，特别是孝文化。《寿光二十四孝》的编制始于2014年，历时6个月，在全市范围内征集到两万多条建议，评审小组先后八易其稿，整理成册。已印发《孝德教育读本》26万多册，发放到机关事业单位（人手一本）及农村的24万多户家庭。还组织编写出版了《〈大学〉导读》《〈论语〉导读》《〈孟子〉导读》《〈中庸〉导读》《新时代君子之道》《严父慈母》，并发放给领导干部学习。这些学习材料，对于推动人们孝老爱亲、明礼知耻、向上向善发挥了重要作用。

弘扬中华优秀传统文化，榜样的示范带动作用很大。收集山东电视台《天下父母》及《孝行天下》栏目制作播出的《大导演翟俊杰》《孝子警官王春来》《孝子王希海》等优秀节目视频，制作了本地好媳妇、好儿子的典型事迹视频，并将这些视频制成光盘，存入U盘，下发至各单位及各村用于播放学习。

（四）实施中华优秀传统文化“六进”活动，推动全民学习

传承发展中华优秀传统文化的迫切任务是普及学习，寿光全市范围内开展了中华优秀传统文化进农村（社区）、进学校、进家庭、进机关、进企业、进网络“六进”活动，收效明显。

1. 进农村（社区）

为进一步弘扬中华优秀传统文化，传播孝老敬老之风，2017年，采取“试点先行、逐步推广”的办法，选取两个村试点创建“孝心示范村”，收效显著，进而在全市968个村（社区）全面推广。

（1）“道德大学堂”遍地开设。村村开办道德大学堂，利用每月15日主题党日（农村阳光议事日）组织农村党员和村民代表通过听课、看视频、分享等形式，学习中华优秀传统文化。

（2）“饺子宴”村村飘香。村村为80岁以上老人开办“饺子宴”，3个月办一次，饺子由志愿者包，费用由本村爱心人士捐助或村集体列支，民间文艺队伍为老人义务演出。老人吃的是饺子，得到的是尊重和尊严；年轻人付出的是劳动，得到的是道德的提升和内心的快乐。

（3）“生日宴”让老人更有尊严。从2018年年初开始，寿光所有村都有组织地为80岁以上老人过生日。每个老人过生日，村干部都组织祝寿，这让老人更有尊严、更加开心。同时，通过“生日宴”，儿女增进了对父母的孝心，增加了对村“两委”的尊敬，也在各项工作上给予了更多支持。

（4）“五好”评比树模范。2018年开始，每年在农村开展评选“好媳妇”“好婆婆”“好家庭”活动。市里制定评选标准及办法，印发给各镇（街区）和村。春天宣传发动，冬天组织全民评选，春节前进行大表彰。此项活动有效地推动了村民孝老之风、团结之风、文明之风的形成和提升。

（5）幸福食堂解决老人后顾之忧。全市要求，每个有条件的村都要建设幸福食堂，即为全村80岁以上老人建设养老食堂，每天提供午、晚两餐，个人缴费1～2元，其余花费由市财政和村委承担。幸福食堂深受老人和其子女的欢迎。目前全市幸福食堂数量达到116处。

2. 进学校

（1）组织教师学习中华优秀传统文化。会同教育和体育局（简称教体局）在全市优秀教师队伍（1.2万名教师）中开展学习《大学》《论语》等经典著作的活动，以学校、学区为单位开展交流分享。教师的师德师风水平在悄然提升，涌现出了一大批爱生如子的教师、校长。

（2）开展诵读经典活动。全市小学、初中学生在上午第一节课前诵读《弟子规》《大学》等经典，根据学生的年龄，经典诵读内容由浅入深，诵读长年不断，每年举行诵读经典比赛，学生的道德素养不断提升。圣城小学自 2016 年 9 月始，面向社区公益开办圣贤学堂，至今已举办 63 期，累计 12000 多人次的学生、家长、教师来校读经典，分享读书心得。

（3）坚持办好“开学第一课”。每年秋季开学后，组织中华优秀传统文化志愿者讲师利用两个月的时间，在全市 300 多所中小学校、幼儿园开展中华优秀传统文化宣讲活动，对全市新入学的幼儿园小班、小学一年级、初中一年级的学生及其家长，以及高中一年级学生，举办一次学习中华优秀传统文化的专题讲座，引导学生和家长从中华优秀传统文化经典中汲取做人和教子的智慧。每年受益学生和家长超过 5 万人。

（4）开办家长学校。从 2016 年开始，试点举办初中一年级学生的家长学校，即利用家长接送孩子的时间集中学习，每月一课，每课 1.5 小时，学制一年。学习内容涵盖教子之道、父母之道、文明之道等，此举深受家长、教师、村（社区）干部好评。

（5）加强特殊群体未成年人教育管理。2015 年以来，每年中考后，联合教体局、妇联等单位对全市初中毕业后未升高中段学校学习的学生，逐个到其家中做工作，动员其到职教学校学习。近 10 年来，寿光市未上高中段学校学习的学生比例由原来的 10% 下降至 1%，8000 多名初中毕业生得以继续接受高中段教育，这让青少年成长的关键阶段教育不缺失。

3. 进家庭

（1）探索婚姻家庭志愿辅导。2017 年 1 月，寿光市关心下一代工作委员会（简称关工委）牵头成立婚姻家庭志愿者辅导中心。该中心以中华优秀传统文化讲师团为基础，招募了360多名热心公益、善于沟通调解的志愿者，并将他们划分为20个小组。同时，在婚姻登记处设立了8个调解室，常年对前来办理协议离婚的夫妻进行调解。工作中，调解员耐心倾听当事人的离婚事由和诉求，从夫妻定位、孩子成长、父母意见等角度，依法、依理、依情进行调解和教育引导。2024年共接待拟离婚夫妻2381对，经辅导不离的有1391对，占总数的58.4%。

为帮助新婚夫妻更好地适应婚姻生活，营造和睦有爱的家庭氛围，提升他们经营幸福婚姻家庭的能力，2023年1月开始，将婚姻家庭辅导工作前置，试行结婚证颁发工作，即在婚姻登记处设颁证台，对每对领取结婚证的夫妻，由颁证员将结婚证颁发给他们，让他们宣读结婚誓词（内容涉及孝敬父母、夫妻和睦、教子成才、爱岗敬业等），最后颁证员致辞，给他们提出建议。2024年共颁发结婚证4134对，受到领证夫妻及社会好评。

（2）开办美德健康家长学校。2022年，为落实《中华人民共和国家庭教育促进法》，充分发挥家庭教育功能，选取了76个村、4个城市居民小区试点开办家长学校。把试点村（小区）内有幼儿园至高中阶段孩子的父母组织起来，每月开一次课，让他们学习教子之道、做人之道、文明之道；教学课程由中华优秀传统文化办公室与教体局等部门统一研发，相关内容存入U盘，发至各家长学校；每村配有2名辅导员（讲师团成员和在职教师）。家长学校每次开课，先由辅导员领学《弟子规》等经典著作，然后观看视频，再由辅导员点评辅导，最后交流互动，每次听课人数超过4500人。

4. 进机关

（1）相关内容纳入党员干部教育学习体系。市委组织部、市纪委将家庭教育、家风建设、信仰建设等中华优秀传统文化内容纳入了党员干部教育体系，大力弘扬家风文化、廉洁文化，在新任公务员、科级干部、工会干部、妇女干部、农村党支部书记培训以及党员进党校等培训班上分别开展宣讲，每年培训超过 20000 人次，受到好评。全市统一要求，各党政机关、事业单位组织全体干部职工，每年通过邀请中华优秀传统文化讲师团讲师、专家教授开展辅导等方式，围绕“家风文化”“廉洁文化”等内容，至少举办两次中华优秀传统文化讲座。

（2）开展“孝老爱家敬业”比学赶超活动。将引导干部群众孝老、爱家作为机关建设的重要内容，通过征文、演讲、分享交流会等方式让干部群众讲述自己与父母的故事，分享经营家庭的心得体会，尤其是夫妻和谐相处的好做法，交流新时代干事创业的经验做法，用身边的孝老典型、模范夫妻、敬业模范，引导干部群众学先进、找不足，比学赶超。机关负责同志在春节、重阳节等重要节日期间，看望机关干部家中 80 岁以上老人。

2024 年年初，参照婚姻调解的做法，优选 50 名群众工作能力强，法律水平、文化素养较高的中华优秀传统文化讲师团志愿者，将他们分成小组，在 25 个公安派出所担任特邀调解员，负责协助开展家庭教育指导、调解邻里纠纷等工作，为化解基层矛盾、维护社会稳定献计出力。截至 2024 年 12 月，调解矛盾 70 多起，得到干部群众好评。

5. 进企业

为涵养企业厚德文化，重点围绕爱国、爱家、爱企业、讲诚信、立孝德、家庭经营等方面，积极开展进企业宣讲活动。在全市近百家大中型企业都开设了道德大学堂，深受职工欢迎。山东仙霞集团有限公司是一个成功的典范，自 2010 年开始，该集团把中华优秀传统文化植入企业管理和文化建设，每天上午上班前组织员工诵读《弟子规》《孝经》

《朱子治家格言》等中华优秀传统文化经典，且每周一诵读前，举行升国旗仪式，进行爱国教育，引导员工孝老爱亲、教化子女、爱岗敬业、爱党爱国，企业呈现出了风清气正、效益稳步增长的好态势。

6. 进网络

开办了中华优秀传统文化“空中讲堂”，选取了 6 名志愿者，两人一组，每人每天制作一个 20 分钟的音频节目，内容有诵读经典、谈体会等，每天播放一个小组的节目，每天收听人数超过 20000 人。同时，全市组建了 30 个微信群，开展中华优秀传统文化学习活动，形成了网络学习热潮。

三、取得的成效

经过 10 年多对中华优秀传统文化的传承弘扬，以及融入基层社会治理的实践探索，干部群众一致感到社会文明和谐的风气越来越好，一些社会问题逐步得到化解。

（一）孝风盛行，家风和谐

通过大力普及“孝德”文化，开展孝老活动，原来在孝敬父母方面做得好的子女，现在做得更好了，做得不足的子女也有所改善。全市 3.6 万名 80 岁以上的老人普遍反映对现在的生活感到很满意，婆媳不和、兄弟姐妹和妯娌之间不团结的情况明显少了。每年重阳节，全市 15 个镇（街区）党委、政府均组织机关干部和村干部走访看望 80 岁以上老人，全社会呈现出浓厚的孝老爱亲、文明和谐气象。

（二）家庭关系和谐，离婚率降低

2017 年年初，开始用中华优秀传统文化理念进行婚姻辅导，寿光市离婚数量 17 年来首次出现回落，至 2024 年年底，共接待拟离婚夫妻 20544 对，劝和 10095 对，寿光市离婚率降至 1.2‰。更令人欣喜的是，提出离婚的夫妻人数减少了，2021 年，提出离婚的夫妻有 3277 对，2024 年减少至 2381 对。同时，夫妻道德认知得到提升，调解工作也是对他们的教育，帮助他们认识自己的问题，让他们能够在未来做好自己，经营好家庭。寿光市婚姻辅导的做法被山东省妇联、民政等部门广泛推广，也获得了其他省市一些地区的关注和学习。

（三）不安定因素逐步减少，社会越来越和谐

寿光市上访量逐年下降，2021 年全市发生信访事项 2378 起，2022 年全市发生信访事项 2124 起，同比下降 10.7%。2022 年、2023 年，寿光市连续两年被评为“全国信访工作示范县”。

2017 年开始，寿光市看守所开展对《弟子规》《了凡四训》等中华优秀传统文化知识的学习，以监室为单位，每天早晚各学习一次，每月开展两次集体教育。多数犯罪人员能自觉认罪、悔罪，推动了审判工作的顺利进行。

（四）干部群众形成学习弘扬中华优秀传统文化氛围

弘扬中华优秀传统文化，促进公民道德建设，在寿光干部群众中已形成共识。全市形成了党委统一领导、政府财力保障、社会各界人士积极参与的新局面。近年来，寿光市投入专项资金近千万元。参加弘扬中华优秀传统文化的队伍逐渐扩大，中华优秀传统文化志愿者讲师团扩大至 700 多人，婚姻辅导志愿者增加至 360 多人，常年活跃在城乡的志愿者已有 20000 多人。特别是老干部、老教师等老同志发挥了不可或缺的作用。他们在寿光城乡先后开展义务宣讲 3000 多场次，听课群众达 60 多万人次，赢得了社会的广泛赞誉。

寿光弘扬中华优秀传统文化的做法得到了有关专家的肯定。我们先后在全国第四至第十届弘扬中华优秀传统文化经验交流大会（文化传承委员会主办）、国际儒学联合会第十次儒学普及座谈会上做了介绍。

2019 年 10 月，中华炎黄文化研究会文明传承工作委员会在寿光召开了弘扬中华优秀传统文化示范县（市、区）现场观摩会，推广了寿光的做法。我们先后接待了全国各地来参观学习的团队 100 多批。

近几年，寿光市城乡文明之风大幅提升，社会矛盾逐渐减少，这不仅让我们更加坚信中华优秀传统文化的无穷力量，也更加坚定了走这条文化促进基层社会治理新路子的决心。学习中华优秀传统文化推进乡村文化文明建设、加强社会治理工作还处在探索阶段，工作中还存在不平衡、覆盖面小等问题。今后，我们将按照党中央决策部署，立足实际，开拓创新，全面扎实推进传承弘扬中华优秀传统文化这项伟大事业，不断增强公民文化自信，提高公民道德素养，推进新时代文明实践和新型社会治理取得更大的成效。

小小“饺子宴”　带来村风大变化

寿光市传承发展中华优秀传统文化
实施公民道德建设工程领导小组办公室

饺子，在中国传统习俗中，不仅代表着过年，还代表着幸福、团圆与和谐，是最为吉祥的中国美食之一，对寿光市的“五老”（老干部、老战士、老专家、老教师、老模范等离退休人员）来说，饺子又有着更加深刻的含义。从 2017 年开始，在寿光市关工委的倡导下，寿光市在全市开展孝心村建设，大力推动农村为 80 岁以上老人开办“饺子宴”。这一做法在全市掀起了一股尊老、敬老、爱老的孝德之风，“饺子宴”也成为推动乡风文明改善和乡村文化振兴的一把“钥匙”。

一是敬老爱老传孝道，带来家风变。孝文化是我们的文化之根，是一代代人传承的道德源泉。“饺子宴”的对象是 80 岁以上的老人，开办“饺子宴”就是抓住了“孝”这个关键，让年轻人为老人包饺子，让子女带着老人吃饺子。老人们每次参加“饺子宴”，总是穿上干净的衣裳，收拾得体体面面，笑呵呵地出门，老人真正成为家里的“宝”。可以说，包在馅里的是孝心，端上桌子的是敬爱，化入心田的是幸福，带给家庭的是团圆。现在寿光各村每季度为老人办一次“饺子宴”，每年还会组织一次评选“好媳妇”“好家庭”“好婆婆”活动，“饺子宴”成为子女展现孝道的舞台，老人的形象也代表着一个家庭的“家风”。以前很多家庭矛盾都是由子女不赡养老人引起的，“饺子宴”和一个“孝”字又把一家老小的心凝聚在一起。以前村里都比谁家的排场大，现在家家户户都比谁家的荣誉多，谁家孝敬老人做得好。饺子不足为贵，包含的却是子女的孝心；老人们品味的是尊严，感受的是亲情，感知的是温馨。饺子象征的是团团圆圆、红红火火、和和美美的幸福家庭生活。

二是干部群众齐动手，带来党风变。在乡镇基层，有些干部时常会抱怨农村群众众口难调，工作难以开展。其实，往往是有些干部没有走到群众中去，缺乏做好群众工作的“新纽带”。寿光市通过“党委、政府指导，‘五老’参与，村‘两委’领办，村民自发组织，志愿者义务服务”的模式办起来的一场场“饺子宴”，恰恰像一座座“连心桥”，将老人与子女，“五老”、干部与群众的心紧紧联系在了一起。每次办“饺子宴”，镇村两级的党员干部都要参加，领导干部对老人高接远送，细心关怀。每当村里有 80 岁以上的老人过生日，村干部会提前通知老人的子女做好准备、包好饺子，然后在老人生日当天带上生日蛋糕登门为老人祝寿。这样的“饺子宴”就不单单是吃一顿饺子，也是对村情民意的一次梳理，更是一次基层干部为群众谋幸福的有为举动。村党组织的威信在润物无声中得到了巩固，使拆迁难做工作、集体欠款难收、邻里矛盾难调、不孝敬老人等当前农村面临的诸多问题都迎刃而解。

三是小饺子释放大能量，带来民风变。过去，村里人大都各忙各的，彼此来往较少。但“饺子宴”渐渐把全村人聚拢到一起，有的村在妇联主席等村干部的带领下，建立了微信群，成立了志愿服务队。每次举办“饺子宴”，男女老少都踊跃参与，有的捐款，有的提供锅碗瓢盆，有的和面调馅，有的“擀、包、煮”，还组建了村里的表演队。香喷喷的饺子凝结的是全村老少的爱心、孝心和感恩之心。看着老人们欢聚一堂，看着他们看节目、吃饺子时的欢喜模样，乡亲们和志愿者们的内心总是充满着满足与幸福。“饺子宴”让寿光的村风民风发生了巨大变化，村民对党委和政府、对村“两委”更加支持了，子女回家的次数更多了，村里谋发展更容易了。一听说举办“幸福食堂”“饺子宴”，一些在外工作的村民积极送油送面、捐款捐物。

2018 年，寿光市遭遇严重水灾，多个镇（街区）、村庄迅速组织了一批志愿者，其中很大一部分就是农村办“饺子宴”的志愿服务队伍，当消防队员来支援时，总能吃上一碗热腾腾的饺子，“饺子宴”已经成为寿光老百姓表达感恩之情的一种重要方式。

举办“饺子宴”活动，不仅让老人感受到了温暖和尊敬，也让年轻人在行动中播下“孝”的种子。“饺子宴”在寿光 968 个村（社区）可谓处处飘香、遍地开花，以孝心为馅，以敬意为皮，“饺子宴”已成为寿光农村弘扬孝道、纯正乡风、凝聚村魂的大课。

中华优秀传统文化滋养人心　以德治村实效惠民

寿光市中华优秀传统文化讲师团　金树亮

寿光市化龙镇北柴东村（俗称东柴），有555户1886口人，其中党员76人，“两委”成员5人。近年来，在各级党委的正确领导和市关工委的有力指导下，北柴东村尝试开办孔子学堂，弘扬中华优秀传统文化，加强家庭、家教、家风建设，村风村貌有了明显改善。北柴东村深刻体会到：学习弘扬中华优秀传统文化，自身受益、家庭受益、他人受益、社会受益。主要体现在以下五点。

一、中华优秀传统文化教人向上，引导村民人人增添正能量

2015年年底，北柴东村的媳妇王中梅参加了市中华优秀传统文化讲师团，通过参加培训、开展活动，心灵上受到了极大的震撼，思想上发生了很大的变化。2017年年底，她回村担任村主任后，决心让中华优秀传统文化在村里落地生根、发扬光大。

一是与当时的支部书记商量，在化龙镇率先尝试开办孔子学堂。2023年3月正式授牌后，该村多次邀请市关工委主任、市政协原主席王茂兴，市委党校原党委书记、常务副校长金树亮等人来村宣讲中华优秀传统文化，传播正能量。村民反映宣讲内容贴近生活，非常接地气，受益匪浅，积极性很高，听完一次盼下一次。

二是齐心协力办好家长学校，提升家长素质。村妇联主席蔺小珊具体负责、精心组织；辅导老师李书孟认真备课，用心讲解。为了提升学

习效果，王中梅将自己家里的投影设备搬到了村委会议室，供家长学校使用，每次开课，她都坚持参加，亲自主持，带头听课，为家长们做出了表率。场场爆满，座无虚席，参加的村民听课认真，反响很好。

三是组建了化龙镇传承孝道正能量群。及时向群内转发有关中华优秀传统文化的知识、好文章及音频节目，发送相关活动信息，表扬好人好事，全方位、多角度地宣传中华优秀传统文化。

这些活动的开展，对提升村民思想境界、激发积极向上的正能量，发挥了重要的作用，大人和孩子都自觉爱党爱国、向上向善、关心集体、爱护公物。支部成员王振波曾担任村支书，公道正派，从不倚老卖老，全力支持新书记王中梅的工作，体现了共产党员的高尚品德和模范作用。70多岁的志愿者成云香，本应颐养天年，但她热爱公益、乐于助人，每次组织的公益活动，都积极参加，只要孙子、孙女不上学，就带着一块儿参加。她说参加公益活动，既能帮助别人，快乐自己，又能培养孩子良好的道德品质。通过村东通路、义务修井、人居环境整治等工作的顺利推进，现在村庄更美了，家庭更和谐了，邻里关系更融洽了，人们的精神面貌更好了，党员的先进性、群众的积极性都体现出来了，北柴东村已由全镇的落后村蜕变成先进村。

鉴于北柴东村在弘扬中华优秀传统文化方面工作扎实有效，全市农村党组织书记在中华优秀传统文化培训结束后，中华优秀传统文化讲师团和镇党委在村里组织召开了化龙镇18个骨干村党组织书记座谈会，就如何贯彻落实好培训班要求进一步统一思想，明确任务。骨干村发挥了带头作用，带动全镇各村开展为80岁以上老人举办饺子宴、庆祝生日的活动，如今这些活动在全镇遍地开花，成为常态。原本为老人过生日积极性不高的村，现在也将活动办得有声有色。

二、中华优秀传统文化教人向善，引导村民善事好事抢着干

2018年年初，全市号召中华优秀传统文化进农村，首先要办好80岁以上老人的饺子宴和生日宴。时任村主任王中梅积极主动地与村党支部书记反复商量，想方设法一定先把80岁以上老人的事办好，让他们笑口常开、安度晚年，村“两委”带头尊老敬老，家家形成好家风，家风好就能带动村风变。80岁以上老人过生日，支部书记、村主任与村“两委”成员带着礼品登门祝寿，老人高兴，子女光彩。办饺子宴，志愿者们凌晨3点就自发到村委准备，整个上午既有文艺演出，又有中华优秀传统文化宣讲，每次都有爱心人士捐赠的油、米、面等物资，办得红红火火。老人们吃的是水饺，得到的是尊重和尊严；年轻人付出的是劳动和较少的钱，得到的是道德的提升和内心的快乐。可以说，本村人自豪，邻村人羡慕。

建立幸福食堂，村民们很期盼，但由于村里资金有限，一直没有实施，看着老人们羡慕期待的模样，王中梅就和丈夫王志勇商量，决定自己出资为老人们做爱心餐，每周一次，用最好的食材，换着花样做，让老人们吃得放心。看到老人们吃上爱心餐，在外的子女们工作更安心，对村里的工作更支持。在为老人们做爱心餐的同时，王中梅带领村民通过网络直播的形式，宣传村里的风土人情，提高本村知名度，为村民们带来商机和便利，带动村里的经济发展。事实证明，尊老敬老不仅有利于村风的转变，而且有利于村“两委”威信的提高，更有利于各项工作的开展和乡村文明的创建。

尊老爱幼，与人为善，别人需要帮助的时候去帮助，既是一种善念的传播，也是中华美德的传承。王中梅担任村主任后，组织部分村民成立了志愿服务队，带领大家关照村里的12户孤寡老人，服务本村和周边村的饺子宴等集体活动。2019年开始，每年都组织志愿者为市福利

中心和化龙镇的孤寡老人捐款做棉衣棉裤，已做200多套。2018年洪水来时，女志愿者像男人一样，冲到寿光市的重灾区一线，装沙袋，送物资，不怕苦不怕累。2020年抗击新冠疫情，村内170多名志愿者站了出来，在寒风中坚守阵地，昼夜值班巡逻，捐款捐物，杀菌消毒，为孤寡老人送生活物资，为他们量体温、打扫卫生。2022年开始，每年端午节为化龙镇的孤寡老人包粽子、送粽子。多年来，村里的志愿者团队穿着鲜红的公益马甲走进了敬老院，走进了孤寡老人的家，温暖了老人们的心！

志愿者们的默默奉献，带动了身边更多正能量的人加入进来，化龙镇15个村的党支部书记也加入了他们的公益队伍，这种情况在全市近200个社会公益组织中是唯一的。支部书记们的加入使这个组织力量更强大、正能量更足、带动力更强、影响力更大。这个组织已从当初的十几人发展到200多人，成为活跃在寿光市一支后来居上的社会公益组织。

三、中华优秀传统文化教人爱家，引导村民相互关爱你我他

“兄道友，弟道恭，兄弟睦，孝在中。”村民杨秀英和丈夫王亮为全村人做出了表率。杨秀英的婆婆因一场大病常年卧床，生活无法自理。杨秀英看在眼里，急在心里，生怕婆婆想不开，她日夜陪伴，耐心疏导。弟媳一家在企业工作比较忙，杨秀英便主动承担了婆婆的护理工作。十几年如一日，洗脸洗脚、洗头洗澡、端屎送尿、擦身换衣等，没有一句怨言。看到婆婆心情低落时，便和丈夫商量，发动亲朋好友、街坊邻居到家中看望婆婆，陪她聊天，帮她走出阴影。她不仅是一位好儿媳，还是一位好嫂子。十几年前，弟媳患了癌症，从做手术到离世，一直都是杨秀英日夜照料。那时候交通不方便，她就和丈夫用三轮车载着弟媳，到几十里外的医院化疗，直到弟媳去世。弟媳临终前，将唯一的

儿子托付给了最信任的嫂子，杨秀英毫不犹豫地保证：孩子交给我，你放心就行，我一定拿他当自己的孩子对待！十几年来，她待侄子视如己出，比亲生儿子还亲。杨秀英用孝心和爱心书写着人间的至孝真情，也用实际行动践行着她的真诚和善良。她对街坊邻居以诚相待，友好相处，每当左邻右舍遇到急事，她总是第一个跑去救急，令村民们感动。2018 年村里建立志愿服务队，杨秀英二话不说就报名参加，成为一名公益志愿者。她说："不光要照顾好自己的老人，还要帮助更多的老人、孩子和需要帮助的人，给孩子们做个榜样。"杨秀英在孝敬老人、帮助妯娌、关爱侄子、和睦邻里等方面事迹感人，2019 年入选"中国好人榜"。

村民杨建玲在教育孩子上拥有独到的见解。她加入公益志愿团队后，每次参加活动都有很多感受，尤其是看到有些困难家庭的孩子连读书都成了难事，想到自己的儿子衣食无忧地快乐生活，于是她就带着儿子胡洋一起参加公益活动。每到假期，胡洋也会主动请求妈妈带他参加公益活动。她发现，这些活动对孩子产生了很多潜移默化的影响，儿子变得更加有爱心、更加成熟。2020 年抗击新冠疫情，母子俩挺身而出，第一时间站出来执勤，开车去封路。母子俩的善举得到身边人的点赞。杨建玲说："让孩子从小学习中华优秀传统文化、参加公益活动，是对孩子最好的教育！"

四、中华优秀传统文化教人内求，引导村民解决难题不用愁

孟子云："行有不得，反求诸己。"意思是：事情做不成功，遇到了挫折和困难，或者人际关系处得不好，就要自我反省，从自身找原因。向内用功才是解决问题的根本，这就是内求。人生向内求虽然是最难的，但能做到会有奇迹发生。长期婆媳关系不和、妯娌关系不顺的村民杨丽，2018 年年初参加中华优秀传统文化培训后，开始从自身找原因，

向婆婆道歉，与妯娌和好，主动请婆婆搬上楼住，婆婆因身体原因不愿上楼，她便经常主动陪伴婆婆，帮婆婆做家务。不仅如此，她还成为志愿服务队的骨干成员。

大多数人都不明白“莫向外求”的道理，要相信求人不如求己，个人是这样，单位也是如此。该村存在 90 多户土地承包费收费不合理且被长期拖欠的问题，2023 年，王中梅与村“两委”决定进行清欠，但有的承包户没钱，有的观望，有的拒交。王中梅丈夫王志勇的三叔欠款较多，有人便怂恿他领头拒交。王中梅了解情况后，与王志勇商量，由王志勇代缴一半，三叔自己缴一半，带头缴清。突破口打开后，拖欠了 25 年的承包费 80 多万元，顺利征收完成，并对土地承包费进行合理调整，保障了村民的合法权益。积极争取高标准农田项目，用清欠的承包费，硬化生产路 3000 米，整修线路 7000 米，安装水肥一体化设备 11 套和配套井 50 套，进一步改善了村里的基础设施条件。

五、中华优秀传统文化教人利他，引导村民奉献爱心为大家

利他是为了使他人获得方便与利益，个体自觉自愿、不求回报的一种有益的行为。市军干所原所长李新民不辞辛苦，多次到村调研，发挥优势，帮助谋划，无私奉献了自己的智慧，为北柴东村的发展变化增添了力量。善德公益理事长王志平，不仅对村里给予了物资的支持，更重要的是给予了志愿服务业务上的指导和精神上的鼓励。新冠疫情最严重的时候，王中梅不慎崴脚，不能走路，但特殊时期顾不上休息，她坚持每天开车值勤、巡逻，对她的一言一行，村民们心服口服。有一天，两个与她不熟悉的青年找到她，问道：“王中梅，你为老百姓付出这么多，是出于什么目的？”她铿锵有力地回答说：“首先我是一名党员，冲锋在前是我的责任和担当，其次我是村主任，关键时候应该站出来的是我。”

孙志刚、孙志强是同胞兄弟，2008年一同入伍。2013年哥哥退伍回家，弟弟仍然坚守在部队。2020年正月初二，新冠疫情严重时，需要志愿者，身为党员的哥哥第一时间站了出来，弟弟正好回家探亲，自觉牺牲陪伴妻子和孩子的时间，哥俩又站在了守护家园的一线，再次体现了共产党员的先进性！

为老人办饺子宴、过生日，疫情防控，安装路灯等，党员群众、爱心人士都捐款捐物，许多孩子主动捐出压岁钱。北柴东村整体搬迁为楼房村后，唯一一条通往村外的路是条土路，长达八年的时间里，这条路晴天尘土飞扬，雨天泥泞不堪。2021年，王中梅担任村党支部书记后，村“两委”发动村民捐款修路，全村95%以上的户参与捐款，捐款额达96万元，大大超出了村“两委”的预期，不仅修了路，还修建了其他设施，解决了多年未解决的问题。令人感动的是，老党员、残疾人、病灾户也参与了捐款，共捐款1000多元，村民王爱法在自己捐款的同时，又替已故半年的老母亲捐款1632元，说这是老母亲的临终嘱托。

中华优秀传统文化进农村后，选择舍小家为大家的人越来越多。村会计孙文学家里种了100多亩地，子女都不在家，仍坚持以村里的工作为主，农忙的时候，妻子说：“家里有我，别给人家耽搁了事。”新冠疫情期间，李萍夫妇放下不满周岁的孩子，共同在村里执勤，晚上孩子们睡了，她再整理工作总结，撰写宣传稿件，经常忙到深夜。村里的暖气、水井坏了，张泮军免费维修。下大雪后，胡景明、刘保亮主动开出铲车清理道路。刘军开着挖掘机主动维修被大车压坏的路口。隋荣国、刘海涛义务承担全村的防疫消毒。李光友热心服务，用心管电，为村增收。王相全、王相利、张泮洪等人主动垒墙等，好人好事层出不穷。村民们高兴地说：我们村变化这么大，靠的就是中华优秀传统文化的力量！

2022年5月月底，市里几位老领导到北柴东村看了后，其中一位在微信群里发的《东柴之变》，客观地反映了中华优秀传统文化带来的变化，在村里反响很大，其中一段写道：

新修道路，出行方便；
围墙建起，村民安全；
路灯照亮，城里一般；
石门石碑，大气壮观；
污水处理，环境改善；
绿化美化，生机彰显；
最美楼道，创出经验；
家长学校，成功试点；
捐款至今，一年时间；
干群合拍，说干就干；
东柴村人，真不简单！
东柴之变，原因在哪？
党建引领，踔厉奋发；
传统文化，作用很大；
以文化人，正气可嘉！

北柴东村党支部书记、村主任王中梅说，她靠中华优秀传统文化武装自己、教育村民、凝聚人心，用实实在在的行动，换来了以德治村的成效，赢得了村民的广泛赞誉。下一步，村“两委”要继续带领全体村民，学习弘扬中华优秀传统文化，自觉做到学习修身、用心齐家、努力干事，党员要为群众做榜样，父母要为子女做榜样。只有家庭和睦，社会才能和谐；只有家教良好，未来才有希望；只有家风纯正，村风才会充满正能量！

德润人心育村风

寿光市台头镇南兵村党支部

“建国君民，教学为先。”南兵村是寿光市台头镇一个普通的村庄，共有土地1880多亩、村民872人、党员48人。近几年来，村“两委”在上级党委、政府的正确领导下，大力弘扬中华优秀传统文化，紧紧围绕家庭、家教、家风和村风建设这条主线开展工作，全村的物质文明和精神文明都取得了较好的成绩。

一、以讲为基，提升村民素质

2018年3月，市里要求每村选送一人到市委党校参加中华优秀传统文化辅导员培训班，经村“两委”研究，决定由侯圣德同志参训。五天的培训结束后，侯圣德向党支部汇报说，市里要求在全市大张旗鼓地宣讲中华优秀传统文化。孔子在《论语·子路》中提出，面对人口众多的情况，应先“富之”，使百姓富足；待富足后，再“教之”开展教化，后世将其概括为“富之教之”。党支部研究认为，现在村里条件好了，群众的生活水平提高了，学习中华优秀传统文化是提高村民素质千载难逢的好机会，一定要抓住并且用好，于是决定：在村里的四个大街口，挂上“百善孝为先”“家和万事兴”“国无德不兴，人无德不立”“尊老为德，敬老为善”等宣传标语，营造出浓厚的中华优秀传统文化进农村学习氛围。同时，开展宣讲活动：一是党员开会时宣讲，二是利用广播喇叭宣讲，三是通过村微信群宣讲。只有做到每天讲，让每个村民在吃饭和休息的时候都能听到，才有效果。侯圣德主动请缨当起了村里的中华优秀传统文化宣讲员，他把义务播报中华优秀传统文化当作自己的责任，先是利用村里的大喇叭，宣讲《弟子规》，坚持每天晚上讲一次。为了取得更好的学习效果，后来又专门建立了“魅力南兵”微信群，用于宣传弘扬中华优秀传统文化。侯圣德把《论语》等国学经典中与老百姓息息相关的内容，结合现实中的相关案例和自己的感悟，先编成稿件，再宣讲，每天早上5点准时推送到“魅力南兵”微信群，供村民学习，至今从未间断。同时，侯圣德还多次邀请市中华优秀传统文化讲师团的同志，来村里现场为村民宣讲。经过讲师团和侯圣德多年的宣讲，村民们慢慢地提高了道德素养，民风村风越来越好，好人好事层出不穷。2019年，村“两委”想请人写村歌，女村民刘桂萍自告奋勇，创作出反映南兵村精神风貌的歌曲《谁不说俺家乡好》，普通村民写村歌，在我国广大农村中很少见。年近80岁的退休教师苗乃俊，每天记录好人好事已经常态化，开始时，几天才记满一页，现在一天就可以记几页，当晚就发到微信群，进行表扬，鼓励村民善事好事抢着干，进一步提升村民助人为乐、为善最乐的思想境界。

二、以学为先，激发孩子上进

为充分发挥家庭教育的作用，2022年，村里开办了家长学校。村党支部高度重视，要求所有在村居住的学生家长，都要参加家长学校。重点学习三方面的内容：学习中华优秀传统文化，学会怎样孝敬父母、当好父母；学习《中华人民共和国家庭教育促进法》等家庭教育内容，学会怎样教好孩子；学习《公民道德建设纲要》等内容，学会怎样当好村民。10个家长为一组，由分管领导和6名组长组织家长一起参加学习、讨论，营造了家长与孩子共同读书学习、共同提高素质的浓厚气氛。通过学习，家长充分认识到了身教重于言教的深刻内涵，许多事情做给孩子看，领着孩子干，时时处处为孩子做榜样；孩子们更加懂得帮助别人、孝敬老人，在家里自觉帮爷爷奶奶洗脚、扫地、拿饭、端菜等。看到孩子的表现，家长非常高兴，对中华优秀传统文化进农村高度认可，纷纷表示一定要坚持把中华优秀传统文化学习好、践行好、传承好。为了进一步激发孩子们学习中华优秀传统文化的积极性，村“两委”每年寒暑假都组织本村学生和家长参加背诵《弟子规》比赛，村“两委”给每位获奖学生颁发证书和奖品。组织村里的孩子们诵读国学经典，不仅能滋养心灵，拓宽视野，引导孩子们从小守规矩，学会做人做事，而且能激发孩子们努力学习上进，做品学兼优的好学生，更重要的是激发爱国热情，增强文化自信，将来为国家争光。多年来，因为村“两委”注重下一代的教育培养，至今全村已走出4名毕业于清华大学、北京大学、中国科学院的博士生，10余名毕业于清华大学、北京大学等高校的研究生。其中，侯德祥、刘桂萍夫妇的两个孩子（女儿毕业于北京大学、儿子毕业于清华大学）都是研究生学历。村里多名青年被评为“寿光致富带头好青年”，5名村民被评为“寿光好人”，62个家庭分别被评为潍坊市和寿光市“美丽庭院”。

三、以做为本，展现良好村风

中华优秀传统文化，基础在学，关键在做。经过7年的学习，不管是村干部还是普通村民，其思想都发生了很大变化，家风好了，村风正了，心更齐了，干事创业的劲头更足了。南兵村在完善公共基础服务设施的同时，新建广场800平方米、文明实践站书屋280平方米，布展了村史馆，建设了小公园，建立了精神文明实践站和医养结合幸福院。

学习中华优秀传统文化，大力倡树尊老敬老之风。2016年以来，村里先后成立了老年人日间照料中心和寿光市第一家居家养老医养结合老年人幸福食堂，供老年人每天两顿饭；每月初十，村里为老年人举办饺子宴、生日宴；许多村民自觉充当志愿者，主动到幸福食堂为老人服务，帮老人打饭、擦饭盒，搀扶老人，各项工作都有人做。在苗乃光同志的带动下，村里生孩添喜的家庭，都给老年人幸福食堂送 10 ～ 15 箱的喜蛋；侯圣德同志的孩子结婚时，给老年人幸福食堂送来了 10 只生鸡，此后，村内孩子结婚的家庭，都自觉地为老年人幸福食堂送 10 只左右的生鸡；每当春节、重阳节或举办“饺子宴”时，许多村民为老人捐款捐物，其中程效明父子近 10 年捐款达 30 万元。现在的南兵村，就像一个温暖的大家庭，通过学习中华优秀传统文化，村民们关心集体，关爱他人，舍小家为大家，已成为自觉行动，每年为集体义务出工 1260 多人次。比如，寿光市 2018 年遭遇洪涝灾害，台头镇党委要求南兵村组织人员到镇交通管理所装沙袋，党支部书记在微信群里下达了青壮年集合的通知，短短几分钟，就组织了 70 多人义无反顾地奔赴抗洪一线，顺利完成了任务。第二天，镇党委又通知南兵村到寿北漏水的河坝去背沙袋，党支部书记又在微信群里下发通知，有的村民还没有吃早饭就到村委集合，大家第一时间赶到了漏水的河段，奋不顾身地与部队战士一起修复了河坝。

多年来，南兵村党支部依靠中华优秀传统文化的力量，实施以德治村，进一步提升了党支部的号召力，扩大了党员的影响力，增强了村民的凝聚力，成为远近闻名的无不孝之子、无邻里纠纷、无上访闹事、无各类案件的“四无”村庄。南兵村先后被评为山东省民主司法先进村、新时代文明实践站、环境卫生先进村，潍坊市过硬党支部、优秀党支部等，获得市级以上荣誉 23 项。今后南兵村将继续抓好中华优秀传统文化的学习，在润物无声中，汇聚中华美德，让志愿服务更丰富，好人好事更普遍，老年人生活更幸福，民风村风更淳朴。

孝风德雨润菜乡　古城新韵绽芳华

寿光市古城街道临泽三村党支部

临泽三村位于寿光市古城街道，是一个西红柿种植专业村。临泽三村现有 406 户 1261 口人，党员 37 人。新一届“两委”班子上任以来，创新探索“党建 + 文化赋能”的发展新路径，通过传承中华优秀传统文化，汇聚乡村发展动能，强化产业、民生、文化“三核驱动”，带领村庄走出了一条“壮大集体经济、聚焦民生实事、树立文明新风”的乡村振兴路。

一、传承中华优秀传统文化，关注下一代成长

盛夏时节，宽敞明亮的教室、古色古香的课桌、丰富多彩的课程以及孩子们专注上课的神情构成一幅和谐的美丽画面。这是对古城街道临泽三村孔子学堂的真实描写。自 2018 年起，每年暑假，村里都会开设暑期公益培训班，邀请“巾帼教师”“返乡大学生”“村民志愿者”等志愿团队，设置朗诵、黏土、书法、绘画、乒乓球、外出研学等课程，重点对村里和附近村的幼儿和小学生开展中华优秀传统文化特色教育、拓展红色研学，通过“文化带娃”的创新模式，为孩子们打造充满活力与知识的暑期乐园。

2023 年 6 月，临泽三村孔子学堂挂牌，暑期培训班也正式升级。2024 年，孔子学堂的 50 余名学生走进墨龙书院，聆听寿光市中华优秀传统文化宣讲团冯冠军老师讲授寿光历史文化的现场课程，他讲道：“此

地人多长寿，且濒临大海，极目望去皆是平坦肥沃的土地，没有悬崖峭壁等奇绝的景观，故而得名寿光。”孩子们那稚嫩的面庞上满是专注与向往，仿佛正在历史的长河中遨游，体悟着中华优秀传统文化的深厚底蕴。

连续 7 年来，临泽三村已累计为 450 余名孩子提供特色文化“托管”服务，先后组织学员到马保三故居、墨龙书院、古城春秋展览馆、前疃村合作社等进行研学，让孩子们在行走中感悟历史，培养孩子们的传统美德，激发爱国主义热情。

二、激发浓浓孝老情，打造孝德文明村

2024 年 10 月，临泽三村举办第二届重阳文化节（村办），与村里联系密切的爱心企业家燕兰堂、刘华玲、燕兰祥等志愿者一起回村，为村里 80 岁以上老人办了一场盛大的饺子宴。老人们一边吃着饺子、一边聊天。村里还请来了志愿文艺演出队伍和孔子学堂的小朋友，为老人献歌献舞，表演了精彩纷呈的节目。儿女们自愿加入志愿队伍，洗菜、和面、调馅、擀面皮、包饺子，有条不紊，忙而不乱，他们边包边聊，欢声笑语不断，现场气氛热闹非凡……

孝是中华“八德”之首，临泽三村大力弘扬中华优秀传统文化，促进乡风文明，最终带动乡村振兴的实践，就是从做好“孝”这个字开始的。近年来，寿光市大力开展推广孝心示范村建设，临泽三村积极响应，组建了 30 多人的“夕阳红”志愿服务队，每月定期为老年人理发，每季度办一次饺子宴，村“两委”还按时给村里 80 岁以上老人祝寿、送生日蛋糕。古城街道还把临泽三村作为试点，开办“一粥一蛋一油条”老年人爱心早餐工程，村里老人不用花一分钱，便能吃到营养可口的早餐。

现在，村里孝老敬老、向善向美的风气已经形成，每当重阳、春节

等重大节日，村里都会有人给老人捐油、鸡蛋、面粉等，村集体再出一点，每个老人都能领到满满的福利。当村干部提着福利递到老人手里的时候，很多老人眼里含泪：“感谢共产党！感谢新时代！”

三、齐心编纂村志，凝聚文化认同感

“求木之长者，必固其根本；欲流之远者，必浚其泉源。”每个村庄都有自己的独特文化和品格，临泽三村有着悠久的历史文化，为更好地传承育人，村里组织人员编纂了《临泽三村志》，搭建起让村民了解村史、增强村庄认同感和荣誉感的有力阵地。

《临泽三村志》编纂工作于 2022 年 11 月 13 日正式启动，于 2024 年 1 月杀青。为加强领导，村“两委”和村里有威望的老同志组建了村志编纂委员会，挑选 4 人组成编写班子。村志的编排采用大编结构章节体，按事以类分的原则，全书设行政建制、地理环境、人口家庭、经济建设、党政群团、教科体卫、文化文艺、乡风民俗、人物共九编，并加大事记和附录，全方位地反映了临泽三村的历史和现状。《临泽三村志》的问世，凝聚着全村党员和群众的集体智慧。很多从村里走出去的优秀人士也给予大力支持。如今，《临泽三村志》成为全村人的精神寄托。

临泽三村把中华优秀传统文化作为撬动乡村振兴的杠杆，通过以文育人、以文聚人，提振了全村的精气神，孕育了新风尚，增强了凝聚力，激发了奋斗活力。曾经，临泽三村上访情况较多，村落发展充满不确定性。但如今，它成功实现华丽转变，成为零上访、零民声热线的模范村。党员干部“拧成一股绳”，齐心协力抓发展、干事业，全村流转复垦地 75 亩，年增收 7 万余元，理顺村内合同，年增收 10 万余元，盘活废旧大棚及土地 100 余亩……全村呈现出产业兴旺、生活富裕、乡风文明的崭新面貌。

中华优秀传统文化改变了我

寿光市台头镇南兵村村民　侯圣德

我叫侯圣德，是山东省寿光市台头镇南兵村的一名村民，是一名共产党员，还是一名中华优秀传统文化辅导员。

一、缘起

2018年3月，根据村里安排，我到寿光市委党校参加寿光市第二期中华优秀传统文化辅导员培训班。经过五天的学习培训，我这个不懂传统文化的人，一下子悟到，原来中华优秀传统文化就是教我们做人的文化。从此，我对中华优秀传统文化有了深刻理解，产生了极大的学习兴趣。

回到家以后，我就到村“两委”向党支部书记苗乃东同志汇报了这五天的学习情况，并且把寿光市关工委老领导们的安排也带回来，即要在全村大力弘扬中华优秀传统文化。苗乃东书记大力支持并表示，这是一件利村利民的大好事，一定要办好。村“两委”开会研究了贯彻落实的具体办法，并答应我的请求，确定由我作为学习中华优秀传统文化辅导员，负责宣讲工作。学习弘扬中华优秀传统文化，首先要营造浓厚的氛围，村“两委”研究后确定，在村里的四个大街口挂上“百善孝为先”“家和万事兴”“国无德不兴，人无德不立”“尊老为德，敬老为善”等宣传标语，营造出浓厚的中华优秀传统文化进农村的学习氛围。

二、践行

现在回想当时的情况，感觉做什么事也不会太容易。最初，我用村里的大喇叭朗读《弟子规》，村里有些人就开始冷嘲热讽了，闲话听多了，连自己家人也表现出了不理解和不支持。面对这些问题，我感到郁闷，就找到书记汇报："人家说三道四的，是不是先不讲了。"当时，苗书记比我坚定得多，鼓励我："继续讲！不能停！让他们说去吧！你做好你的宣讲就可以。"就这样，在村"两委"的大力支持下，我也做通了家人的思想工作，继续坚持每天宣讲，并把义务播报看作自己的责任。后来，我不再单纯朗读《弟子规》，而是读一句原文，分析一下这句话的意思，也让孩子们利用星期天跟着诵读《弟子规》，就这样学习了一段时间，但效果还是不理想。因为村里的年轻人很多都在城里上班，经常不在家，听不到我们分享的中华优秀传统文化内容。于是，我和苗书记商量后，建立了"魅力南兵"微信群，用来学习分享中华优秀传统文化。村里下通知，要求每家必须至少进一个成员，这样即使年轻人在外地工作，也能利用空闲时间学习中华优秀传统文化，甚至下班回家或吃饭的时候都可以打开微信听一下。我把《论语》等国学经典中与老百姓息息相关的内容，结合现实中的相关案例和自己的感悟，先编成稿件，再宣讲，每天早上 5 点准时推送到"魅力南兵"微信群，供村民学习，至今已坚持 7 年，从未间断。每天除了我在群里宣讲中华优秀传统文化之外，还有一位退休老教师，已 80 岁高龄，他负责记录村里发生的好人好事，记录好后，发到群里进行表扬。

到村里指导工作的领导和老师们经常会问我"你是怎么样去学习的""你都宣讲什么内容""你在村里工作吗""是什么让你坚持到今天的""如果你每天去上班工作，什么时候去备课"等问题。其实我也和大家一样，上有老人、下有上大学的孩子，也有家庭的开支，宣讲要继续做好，工作也要干好。我是做防水工程的，白天干活，利用早上和晚饭后的时间来学习备课，从 2018 年至今，不论春夏秋冬，我都会在每天早上 4 点 30 分起床，学到 7 点，晚饭后学到 9 点 30 分，一天学习 5 个小时，这几年养成了一个习惯，就是利用别人茶余饭后的休息、聊天、喝茶水的时间来学习。

三、受益

通过 7 年的中华优秀传统文化宣讲，村民的思想变了，村风民风变好了，做好人好事的越来越多。我真切地感受到中华优秀传统文化确实能以文化人，助推社会和谐文明，能化解兄弟之间的矛盾，也能教会儿女孝敬老人、尊老爱幼……我自己的变化不小，村民们的变化更大。

我从党校培训回来的当天，就给家里的老父亲洗了脚。这在别人看来或许不算什么，但对我来说意义非凡，从小到大，这是第一次给父亲洗脚。老师讲：亏父母就是亏孝，会诸事不顺。后来，除了每周给父亲洗一次脚，也定期给老人剪指甲、理发，这些是我以前想都没想过的事情，但学习中华优秀传统文化后，都能做到了。我的性格也改变了很多，以前脾气暴躁，做事也急，比如开车喜欢抢道超车，与别人相处好争好抢。但通过这几年的学习，无论什么时候，内心都很平静，再急的事情、再看不惯的问题，也都能按部就班、以理服人、静心处置，因为我懂得了“行有不得，反求诸己”的道理。并且，我也进一步地认识到了做人做事必须做到坚守初心、迎难而上、持之以恒、知行合一。7 年的坚守，我最大的幸福就是帮助了别人，快乐了自己；最大的收获就是在弘扬中华优秀传统文化的过程中，光荣入党。

2018 年 8 月 13 日，南兵村响应市里号召，办起了老年人幸福食堂，我们村“两委”根据集体收入情况，规定 75 ～ 79 岁、80 ～ 89 岁老人每人每天分别收2元、0.5元，供午、晚两餐，90岁以上老人吃饭全部免费。许多村民主动为老人服务，帮老人打饭、给他们擦饭盒，下雪的时候搀扶老人防滑倒，送菜的车来了帮着卸车……我们村生孩添喜的家庭，都主动给老年人幸福食堂送来10～15箱不等的喜蛋。我的孩子结婚时，给老年人幸福食堂送了10只生鸡，此后，村里谁家孩子结婚也都自觉地为老年人幸福食堂送6～10只生鸡。每月初十，为村里老人举办“孝老饺子宴”和生日宴，村民们自发捐面、捐油、捐物资。初九下午，就把包水饺的食材准备好，并买上水果和蛋糕。初十当天，年轻人自觉充当志愿者，洗菜、和面、调馅、包水饺，为“孝老饺子宴”做各项准备工作，我们村已经成了真正意义上的大家庭。

四、星火

我在自己学习并践行中华优秀传统文化的同时，还想通过自己的善德善行影响他人、帮助他人，努力让全社会崇德向善、弘扬中华优秀传统文化的“燎原之火”越来越旺。

2018年和2019年，寿光遇到了洪涝灾害，我放下自己的工作，主动到救助点搬运救援物资，自己开车买上包水饺的材料去纪台中学，给外来支援的武警官兵包“爱心水饺”。其后，我又与志愿者们一起到营里镇杨柳村，给受灾的村民送去了水、馒头、包子、火腿肠、方便面等生活物资。

2020年，在抗击新冠疫情的过程中，我也主动请缨，争当防疫人员，尽己所能弘扬“灾害无情人有情”的精神。同时，我积极参加村里的公益活动，装防洪沙袋、打扫公园和大街的卫生……

2022年，寿光市在70多个村试点办起了家长学校，我义务给村民当起了老师，每到星期天晚上7点，自己开车准时到6里路之外的一个村，带领大家学习中华优秀传统文化，让村民们懂得如何孝敬父母、如何当好父母、如何教育孩子、如何当好村民等。

2023 年春节刚过，寿光市司法局要把中华优秀传统文化纳入司法矫正的学习内容，局里的领导和台头镇司法所的同志找到我，要我给矫正人员讲中华优秀传统文化课，并在镇司法所给我安排了圣德工作室。就这样，从 2023 年 2 月 4 日开始一直到现在，我每天早上用语音在司法所群里讲中华优秀传统文化课，每半个月到现场宣讲一次中华优秀传统文化。最近，有一个社区矫正人员要求加上我的微信，她说："我今天就从这个群退出来了，因为时间到了，但是我还想听你讲。你能把我再拉进一个学习群吗？"那一刻，我觉得自己是最幸福的。因为不到一年的时间，我的宣讲让一个矫正人员感受到了中华优秀传统文化的力量，让其认识到错误，悔过自新。这件事让我更加坚定了一个信念：作为一名优秀传统文化志愿者，必须坚守好"点亮自己、照亮他人"的初心，才能在弘扬优秀传统文化的道路上越走越远。

捐肾救子从不后悔　感恩于社会关爱

寿光市融媒体中心记者　孙欣

有一种爱叫舐犊情深，有一种爱叫患难与共。在稻田镇田马一村，有这样一位农家妇女，2015 年，为了挽救患有尿毒症的儿子，年近六旬的她将自己一颗肾脏移植到儿子体内，为儿子换回第二次生命。（2015 年，《寿光日报》曾多次对李爱萍捐肾救子一事进行关注报道。）

“为了孩子，拿我的命去换都愿意！”她用最深沉的爱，为儿子撑起了生命的天空。她就是 67 岁的李爱萍。2016 年 10 月，李爱萍入选“中国好人榜”，获评“孝老爱亲好人”。

一、儿子突患重病，幸福家庭陷困境

李爱萍有两儿一女，2015 年前，三个孩子均成家立业，一家人幸福无比。特别是二儿子李成波，从小懂事听话，知道父母种大棚不容易，小小年纪就经常到棚里帮忙干活。

2014 年农历十月的一天，李爱萍见二儿媳隋永芹独自回家，一副心事重重的样子。“咋了，跟成波吵架了？跟娘说，娘‘熊’他。”但儿媳摇了摇头，一脸凝重地告诉李爱萍：“娘，医生说成波得了尿毒症。”李爱萍当场愣住了，成波正值壮年，孩子才一岁多，一家人往后怎么办？李爱萍说，回想起二儿子刚确诊重病的那段时间，她每天愁得泪流满面。

身患尿毒症，李成波的意见是先保守治疗，做透析。考虑到透析只能维持生命，并不能根治慢性肾衰竭，医生建议李成波换肾。然而，肾源获取难度大且费用高昂、配型能否成功、移植手术的成功率有多高……这些都是未知数。“亲属间换肾，成功的概率相对大一些，排异反应也会小很多。”医生的话让李爱萍看到了一丝希望，她默默做了一个决定——将自己的一个肾捐给儿子。

面对李爱萍的决定，全家人极力反对，可她心意已决。“二儿媳尚且年轻，还有孩子要照料，不能让她吃这个苦；老伴是家里的经济支柱，以后全家还得靠他支撑；其他兄妹都已成家立业，还有各自的家庭要照顾……只要能救孩子，拿我的命去换我也愿意。”李爱萍坚定地说。

为了不给儿子增加心理负担，李爱萍还叮嘱全家人瞒着儿子，可李成波还是从家人的言行中看出了端倪：母亲要捐肾救自己？他坚决不同意，甚至以放弃治疗来抗拒。而且，李爱萍小时候发烧损坏耳膜，导致一只耳朵失聪，常年种大棚又患上了腰椎间盘突出……她的身体已经让家人担心不已。“娘生了我、养了我，我还没回报过一分，要是再让她把肾换给我，我就是最大的不孝子。”李成波说。

但李爱萍很是坚持：“要当孝子，成波你就好好地活着！孩子还这么小，你想让他现在就没了爸爸吗？”查出重症后，李成波从没哭过，但娘铁了心给他换肾，让他再也忍不住了。想到可爱的女儿和日夜操劳的妻子，梦想看着孩子长大的他，最终接受了母亲浓浓的爱。

二、母爱创造奇迹，手术顺利完成

“换肾手术费约 30 万元，后期治疗费也是一笔不小的开支。”医生的话，再次让看到希望的一家人陷入困顿。

前期治疗，李爱萍陪儿子住院，儿媳在家照看孩子。为了省钱，李爱萍娘俩每顿只买一份菜，而这份菜，还是她跑了 3 里路去一所学校的食堂买的，因为那里的饭菜比周边便宜一半。儿子吃菜，李爱萍吃馒头、咸菜，当儿子儿媳问起时，她总说不爱吃。同病房的人看不过去，叮嘱她也要注意身体，她笑着说：“我身体好着呢！”

为了筹钱，李成波原本要强的父亲硬着头皮到亲朋好友家“走”了个遍。每天天不亮，他就早早起床，一头扎进棚里忙活，一点点凑着儿子的救命钱。

2011 年，李成波与妻子隋永芹相识后，曾在城区贷款买了婚房。万般无奈下，房子被低价卖掉，凑够了第一次的手术费。

2014 年年底，李爱萍生平第一次走出寿光，到济南为捐肾做配型前的身体检查。或许上天也眷顾这个救子心切的母亲，检查结果很理想——可以配型。

2015 年 1 月 4 日是李爱萍为儿子移植肾脏的日子，早上 8 点，母子俩先后被推进手术室。8 个小时后，58 岁的母亲完成了心愿——她的肾脏被成功移植到儿子体内。

三、母子感谢社会关爱，承诺用行动传递爱心

为了省钱，手术后的李爱萍在医院住了 7 天后出院，没等拆线就坚持回了老家，但后来刀口化脓，治疗了很久才痊愈，而且动手术的一侧身子也落下了时常麻木的后遗症。手术后的李成波一度肺部感染，好在大家齐心协力，用爱创造了生命的奇迹。2015 年 6 月，李成波出院回家。

如今，母子俩的身体都已逐渐康复。为了让儿媳有更多的精力工作，李爱萍又承担起了照看孙女的责任，李成波也开始做些轻体力的工作。“孩子能够顺利手术，多亏了亲朋好友和社会好心人的帮助，大家伙儿这么帮助我们，我们也要振作起来，好好生活。”他们都相信，因为有爱，一家人的日子会越过越好。

“因为那次手术，我对家人和社会都充满了感恩，感恩给了我‘第二次’生命的母亲，感恩在我生病时扛起整个家的妻子，感恩日夜操劳的父亲，也感恩那些心善的亲戚、朋友和社会好心人。”李成波说，他会铭记这份恩情，努力让家人过上好日子，也会传递爱心、多行善事，帮助更多需要帮助的人。

善昭天下

寿光市融媒体中心记者　刘明霞

她是孝媳，是贤妻，是慈母，她的名字叫杨亭花。多少年来，杨亭花一人肩挑“三担”，撑起一个家。对待公婆，她无微不至，做到了百善孝为先；对待丈夫，她不离不弃，做到了相濡以沫；对待孩子，她言传身教，成为孩子心中的榜样。

杨亭花用孝心之德、体贴之爱、关爱之心，践行着为人媳、为人妻、为人母的责任，毅然扛起了风雨飘摇的家，几十年如一日地照顾着她至亲至爱的家人。

一、悉心照顾公婆，真情诠释孝道

杨亭花是营里镇东中疃村一位普通的家庭妇女。婚后，她随丈夫一道种着大田，在家照顾着孩子，无怨无悔、无微不至地侍奉公婆。

1991 年，杨亭花的公公外出行医返程中，因雨天路滑不慎摔伤了腰，一躺就是 18 年。作为儿媳的杨亭花，承担起了照顾公公的重担，擦背、翻身、洗衣、做饭，无论什么时候，老人身上总是干干净净，瘫痪多年没生过一个褥疮。

每天都重复着这些烦琐但又必要的护理步骤，非常考验人的耐心和毅力。常言“久病床前无孝子”，可杨亭花却用实际行动证明：“久病床前”不仅能有孝子，还能有孝媳。婆婆逢人就夸：“亲闺女也不过如此。”

2009 年，公公病故，她又将爱倾注到婆婆身上，家里做了好吃的，她总是先给婆婆送去。有一次，杨亭花在为婆婆送饭的路上突发急性膀胱炎，她忍着疼痛将婆婆安顿好，才打电话告诉了儿子。家人匆忙将杨亭花送到镇上的医院，因为病情紧急又转院到市里，医生说再晚来一会儿就会有生命危险。身体一有好转，她就要去看望婆婆，家人劝她养好身体再去，她说一定要去看看才放心。

“娘家的爷娘是爷娘，婆家的公婆也是爷娘，都是一样的。”简单的话语，道出了杨亭花朴实的孝道。

二、夫妻风雨同舟，患难相伴相随

2009 年，勤劳的杨亭花夫妇打算到村西的养殖小区去养猪。谁料养殖棚刚建好，丈夫张浩然在骑摩托车外出时意外摔落，被医生诊断为脊椎中枢神经受伤，除头脑清醒外，颈部以下失去知觉，即使手术后，也无法恢复到从前。

医生的话如同晴天霹雳，让杨亭花久久缓不过来。“只要他还有一口气，儿子就还有爸，我就算砸锅卖铁也要给他治病。”就这样，杨亭花陪丈夫在医院熬过了一个个不眠之夜。

以前丈夫是家里的顶梁柱，养猪这样的技术活也都是他一手操办。从医院回到家后，丈夫张浩然只能卧床静养，家里家外大大小小的活都落在了杨亭花一人肩上。一向要强的杨亭花，一如既往地细心照料着婆婆和孩子，坚持陪着丈夫做康复治疗，也在丈夫的指导下，慢慢钻研养殖技术。

在无数个日子里，杨亭花每天照顾瘫痪的丈夫吃饭穿衣后，便急忙赶到田里忙活，为了赶活，中午别人都回家吃饭，她就在田间地头啃冷馒头。忙完地里的活计，她又马不停蹄地赶回家喂猪、除粪，照料一家人的生活。因为忙活，她好几年没吃过早餐。

“日子会越过越好，人生没有跨不过去的坎。”面对生活中的各种磨难，杨亭花总是这样说。

三、精心呵护丈夫，用爱创造奇迹

“她为我们家付出太多了，如果没有她，我肯定活不到现在，可以说，她给了我第二次生命。”说到动情处，丈夫张浩然红了眼眶。

卧床的头几年，张浩然吃喝拉撒全靠人照顾，一点康复的迹象都没有。看着杨亭花忙里忙外，自己却帮不上忙，既心疼又苦闷，觉得自己是妻子的负担，甚至产生了轻生的念头。杨亭花察觉到丈夫的心思后，对丈夫说：“有你在，我们这个家才完整，儿子回家能看到爸，我委屈的时候有人跟我说话，我再苦再难，生活也有奔头。如果你不在了，咱们这个家就塌了。”在杨亭花的耐心劝说下，张浩然放弃了轻生的念头，全力配合杨亭花做复健。功夫不负有心人，2013 年的一天，张浩然的大拇指第一次有了反应，一家人喜极而泣，这也让杨亭花看到了丈夫康复的希望。

为了帮助丈夫重新走路，杨亭花让丈夫把脚放在自己的脚背上，一小步一小步地领着丈夫挪步，像照顾孩子一样，帮丈夫重新找回走路的感觉。在夫妻俩的努力和坚持下，张浩然的身体逐渐好转。如今，他可以自己用小勺吃饭，给花草浇水，拄着拐棍出门……乡亲们都说是杨亭花用爱创造了奇迹。

“婆婆今年 90 多岁了，身体很健康；丈夫有了自理能力，身体越来越好；儿子成家了，孙子、孙女陆续降生，儿子、儿媳常来帮着干活……”说起现在的生活，杨亭花很知足，并尽己所能回报社会。

历经苦难依然乐观，熬过风雨依然坚强，杨亭花用柔弱的肩膀扛起生活的重担，用真情和爱托起家庭的未来，让这个家的日子越过越有奔头，在平凡的生活中演绎了不平凡的大爱。

孝老爱亲　平凡中演绎人间大爱

寿光市融媒体中心记者　袁萍

杨秀英，56岁，化龙镇北柴东村一位朴实的农村妇女。她不仅十几年如一日无微不至地照顾婆婆，还将年幼丧母的侄子抚养成人，视如己出。她孝顺和善良的事迹广为流传，感染着乡邻纷纷效仿。近年来，杨秀英加入了善德公益组织，不仅照顾好了自己的家人，还力所能及帮助更多需要帮助的人。2019年6月，她被评为“孝老爱亲好人”。

一、好儿媳：十几年如一日照顾年迈婆婆

多年来，杨秀英的婆婆身体状况一直不好，杨秀英夫妇带着她四处求医问药。前些年，婆婆因一场大病卧床不起，生活不能自理。看到婆婆无助的样子，杨秀英看在眼里，急在心里。为了宽慰婆婆，她日夜相劝，耐心疏导，并发动亲朋好友、街坊邻居到家中看望，让婆婆逐渐放下了心理包袱。

那段时间，杨秀英的主要工作就是照顾婆婆。每天起床为婆婆擦脸洗手后，杨秀英就开始给老人做可口的饭菜，然后一口一口地喂她吃饭。老人平时爱吃些什么，她都会变着样地做。伺候婆婆起床吃饭后，杨秀英又给婆婆整理房间卫生。忙完这些，简单吃点早饭，杨秀英还要到田里忙农活。其间，她还要想着家中的婆婆，中途再回去看看，生怕她需要人照顾时自己没在身边。

无论是日复一日地给婆婆端汤送水、洗脸洗脚、揉肩捶背，还是每

周一次的洗头洗澡、擦身换衣等，杨秀英从未落下，也从未说过一句怨言。邻居亲友去看望老人，老人的衣服被褥全都是干干净净、整整齐齐，没有一丝异味。婆婆常说，杨秀英虽然是自己的儿媳，但跟女儿一样贴心、孝顺，“我很有福气”。

二、好伯母：伺候重病弟媳，抚养侄子长大

多年前，杨秀英的四弟媳患上重病，从确诊、做手术直到离世，一直是杨秀英照顾她。以前交通不便，弟媳要去医院做化疗，杨秀英便和丈夫用三轮车载着弟媳到离家几十里外的医院；她每天给弟媳擦洗身体、清洗衣物，日夜陪伴，几乎寸步不离。

弟媳临终前，将她唯一的儿子托付给了最信任的嫂子杨秀英。杨秀英毫不犹豫地保证：“孩子交给我你放心就行，我一定拿他当自己的孩子对待。”弟媳离世后，杨秀英就成了侄子的“娘”。杨秀英说：“他那么小就没了母亲的疼爱，但还有我和丈夫，无论吃多少苦、受多少累，我都要把他抚养成人。”凭着这一股韧劲，家境不宽裕的杨秀英省吃俭用，自己宁愿少吃点，也不亏待孩子。为了地里的庄稼多点收成、多赚点钱，她早出晚归，每次都在地里多忙一会儿……就这样，十多年来，杨秀英把侄子当亲生孩子养育，直至拉扯成人。

杨秀英对侄子的付出，邻居们都看在眼里，记在心里。他们说：“像这样心眼好的伯母，真是打着灯笼难找。”如今，侄子已经参加工作，对杨秀英孝顺有加。看着懂事的孩子们，杨秀英心里暖暖的，觉得这些年的辛苦付出都是值得的。

三、好邻居：身体力行帮助他人，践行公益

生活中，杨秀英是大家的好邻居，与亲朋邻里和睦相处，以诚待

人。每当左邻右舍遇到急事，她总能伸出援手，尽力帮助。周围的年轻人上班忙，她知道后经常做好饭给其家里的老人送去，好让他们安心在外工作；村民谁家有红白事，杨秀英也都会主动前去帮忙……

2018 年，善德公益服务中心在村里成立了一支善德公益分队，杨秀英二话不说就报名参加，成为一名志愿者。虽然平时照顾婆婆和家人已经让杨秀英忙碌不已，但每当遇到公益组织有集体活动，杨秀英都会挤出时间参加。北柴东村及邻村举办饺子宴，杨秀英和队友们都会准时赶到现场，为老人们包水饺、演节目；逢年过节，不管家里有多忙，杨秀英都会和队友们一起看望孤寡老人，为他们送去温暖……

如今，婆婆去世，杨秀英在外地帮儿子和儿媳照看孩子。离家在外，她依然时刻关注家乡，有空就回家住一段时间，到孤寡老人家里看看，力所能及地帮他们做些事情。“志愿者意味着无私奉献，我没有想过要做什么大事情，只想在能力范围内做一些有意义的事，去帮助更多需要帮助的人，让自己的生活更加充实、更有价值。”杨秀英说，一个人活着不能只为了自己，还要更多地帮助他人。多年来，她用“小我”书写“大爱”，成为四邻八村群众学习的榜样。

孝顺儿媳带公婆改嫁　用言行诠释孝道

寿光市融媒体中心记者　袁萍

这是一个特殊的家庭，不光有夫妻二人和可爱的孩子，还有妻子刘双前夫的父母。虽然家庭成员的组成有些不一样，但这个大家庭中的每一个人都积极向上，热爱生活，日子过得有滋有味。

2021 年 12 月 23 日，在圣城街道北魏社区，记者见到了豁达开朗的刘双。当时 39 岁的她，2020 年前夫因病去世后，靠着责任和坚守，她把婆媳关系变成了浓浓亲情。后来改嫁时，刘双提出“不能抛下前夫的父母”，这份责任与爱心也深深感动了现任丈夫桑增昌。在刘双的言传身教下，孝顺的家风又在下一代心中生根发芽。

一、不离不弃，带着公婆改嫁

“十多年来，两位老人帮我带大两个儿子，待我亲如女儿。就凭这一点，我也不会不管他们！”说这话时，刘双看了一眼坐在旁边的婆婆，二人相视一笑，流露出幸福和谐。

2004 年，刘双与前夫经人介绍认识，婚后两人一起做生意，生活幸福美满。然而，意外来得突然，2013 年，前夫身患重病，不能操劳家务，生活的重担一下子压在了刘双一人肩上。“我性格乐观豁达，加上有公婆的帮衬，日子过得倒也安稳。”回想之前的生活，刘双说从没有抱怨过什么，多年来，她一边做生意一边照顾着一家老小，遗憾的是依然没能留住前夫。

2020 年 8 月，前夫因病去世，婆婆董明英坐在家里以泪洗面，公公备受打击，身体也大不如前，原本一个美满的家庭变得支离破碎。“他们已经失去了儿子，我这个‘女儿’一定要撑起这个家。”想到两位老人平时对自己的好，刘双打定主意，一定好好照顾他们，让二老安心度过下半辈子。

从此，刘双独自撑起了这个家，为了多赚点钱补贴家用，她每天早出晚归，忙得连轴转，虽然日子忙碌，但有公婆在家照顾孩子，让刘双觉得很放心。“她拿我当妈妈，我也把她当亲生女儿。”婆婆董明英也深知儿媳妇的不容易，每天都尽力做好家务，照顾好孙子，让刘双没有后顾之忧。一家人齐心协力过日子，“邻居们都说我们老两口是‘捡’了一个好女儿。”

2021 年，刘双与现任丈夫桑增昌相识，两人确定关系时，刘双提出了一个条件：无论到哪儿都要照顾好公婆。而她提出的这个条件，不仅没让桑增昌退却，反而更加坚定了他娶刘双的决心。他觉得，这么孝顺的人，心肠一定很好。

2021 年 5 月，两人在亲朋好友的见证下结了婚。

二、言传身教，传递孝顺美德

婚后，刘双和桑增昌忙事业，两位老人照顾着家。“家里每天都打扫得干干净净，饭菜早早给准备好，两个孩子也都给照顾得很好，不用我们操心。”对两位老人的付出，桑增昌看在眼里，感激在心里，同时，他也兑现了自己的诺言，不仅善待二老，对刘双和两个孩子也关爱有加。

桑增昌的双亲年龄大了，需要人照料，如今又多了两位老人，善良的刘双夫妇从没有觉得是负担，相反，两人非常自豪，常跟朋友们炫耀“我们比一般人多一对父母”。

“婆婆文化程度不高，但很明事理，从她身上我学会了相互尊重，虽然每天面对的都是生活中一些琐碎的事情，但我们在一起很和睦、很开心。”刘双说。

“儿媳妇很贴心，做事周到，外人都说我多了个闺女。”说到这里，董明英紧紧拉着刘双的手，脸上流露出满足而欣慰的微笑。十多年的陪伴，这对婆媳早已胜似母女。

亲朋好友中，很多人都说刘双能玩、能买东西，确实，小区快递点，刘双的快递多是出了名的。“多数快递都是生活日用品和给老人买的东西，因为我不想让公婆觉得我手头紧，也不想让他们看到别人有的他们没有，所以看到有适合的东西就赶紧买上。”刘双说。刘双和丈夫还时常带着公婆一起出门旅游，放松心情。

“我从来没有觉得自己运气不好，遇事多往前看。对我来说，家里的几位老人就是我最大的牵挂，我一定会尽心尽力赡养他们，让老人们安享晚年。”虽历尽生活的艰辛，但刘双从不怨天尤人，她努力生活，跟两位婆婆相处非常融洽。丈夫桑增昌也用实际行动表达了对妻子的支持，与妻子尽心尽力地照顾着老人。

在他们的言传身教下，刘双的两个儿子也都孝顺懂事，在学校刻苦努力学习，放学回家争着做家务、照顾爷爷奶奶，一家人用言行诠释着“孝老爱亲”的传统美德。

瘦弱身躯扛起多舛家庭

寿光市融媒体中心记者　袁萍

15 年前，家住双王城生态经济发展中心南木桥村的张敏敏身怀六甲之时，困难也接踵而至：丈夫李小亮因车祸导致左小腿截肢，不久后，身患残疾的公公又住进了医院，这让这个贫困家庭一下子背上了近 20 万元的债务。那年，22 岁的她不离不弃，用卓绝的毅力撑起了一个家的希望，她种棉花、进厂打工，一点点偿还债务，同时照顾着年迈体弱的奶奶、残疾的公公和丈夫、年幼的孩子，用蒲苇般的坚韧，谱写着不离不弃的“家”的真谛。

2014 年 9 月，张敏敏入选“中国好人榜”，获评“孝老爱亲好人”。后来，在社会各界的帮助下，张敏敏的丈夫安装了假肢，爱心企业还帮他们建起了鸭棚。“现在孩子上初中了，丈夫也能干些力所能及的农活，最艰难的时候已经过去。”采访中，张敏敏一再感谢社会各界的帮助。她说，如今的生活虽仍有诸多不易，但一家人齐心协力，日子越过越有奔头。

一、贫弱农家再遭意外，身怀六甲的她撑起风雨飘摇的家

2007 年，从老家德州来寿光打工的张敏敏认识了为人厚道的李小亮。一年后，两人商量着结婚。可得知小亮特殊的家庭情况后，这门婚事遭到了张敏敏母亲的强烈反对。

李小亮的父亲身患残疾，母亲在他 8 个月的时候离家出走，家里还有一个年过八旬的奶奶，4 间旧平房就是全部“家当”，家境窘迫而艰

难。面对母亲的阻拦，张敏敏内心非常坚定：穷不怕，只要俺俩好好干，这个家一定能富裕起来。

2008年，他们喜结连理。婚后二人勤劳努力，日子本该像预想的那样蒸蒸日上，可谁知，就在距离2009年春节还有10天的时候，李小亮因一场车祸导致左小腿截肢。

“以后我照顾不了你了，你走吧。”一夜之间从正常人变成残疾人，李小亮难以接受这个现实，苏醒后的他第一句话便如此跟妻子说，甚至多次趁着没人的时候拔掉针头放弃治疗。“你8个月的时候，你的妈妈离家出走，你也想让我们的孩子一出生就‘没’了妈妈？”当时，张敏敏已怀孕8个多月，面对如此境况，仿佛天都塌了下来，她感到前所未有的绝望。但为了丈夫，为了这个风雨飘摇的家庭，她选择留下来，撑起这个家。

为了不让娘家人担心，张敏敏一直将这件事瞒着母亲，一个人默默承受了这一切。医生告诉她，丈夫以后可以安装假肢，这让张敏敏看到了一丝希望，留下来的信念更加坚定。“几万元的假肢装不起，俺就买几千元的，只要他能站起来就行。”就这样，在医院陪床的20多天里，挺着大肚子的张敏敏瘦了十几斤。

祸不单行，李小亮出院后不久，他的父亲又不小心摔倒住进了医院。两人前后花了近20万元的医疗费，让这个本来就不富裕的家庭背上了沉重的债务。

二、照顾一家老小、偿还债务，她初心不改

为了赚钱养活一家人，张敏敏刚出月子就到附近工厂里打零工。孩子大点儿后，她承包了5亩棉花地，每天早上5点钟起床、做饭，再下地干活。张敏敏没种过棉花，没有任何经验，而且活儿都是她一个人干，因此，她只能先到别人家的地里看、学，再到自家田里种。

平时，她总是赶在黎明前来到棉花地，一待就是一整天，午饭是早上带来的馒头和咸菜。棉花成长期，二十多公斤的喷雾器一背就是一上午，她的肩上留下了深深的瘀青，即使很痛很麻，她也依然咬牙坚持。到了棉花收获的季节，别人家都会雇人采摘，而张敏敏为了节省费用，从来不舍得雇人，总是一个人起早贪黑地忙活。即便如此，她仍需连续捡拾 3 个多月。

"那时候，每天都像个陀螺一样，忙农活，照顾一家老小。"家里 80 多岁的奶奶生活不能自理，自幼患有小儿麻痹症的公公行走不便，丈夫左小腿截肢，无法正常行走，还有年幼的儿子，他们都离不开张敏敏的照料。

白天，她尽量早干完活回家，给家人做顿晚餐，晚上尽管已经非常累了，但她还支撑着给丈夫按摩，陪着丈夫做康复训练。年迈的奶奶意识有些模糊，一日三餐的头一碗饭，她都会端到奶奶面前；公公患有高血压，常年吃药，每天早上，她都不忘把药和热水放在桌子上。多年来，这些看似平凡简单的举动，早已经成了习惯。

张敏敏说，自己从不觉得辛苦，只是不忍心看到儿子跟着受罪。儿子小的时候没人帮着照看，她就带着儿子下地干活。在一望无际的棉花地里，她一会儿弯下腰干活，一会儿再回头看一下地头自己玩耍的儿子。夏天傍晚回到家，儿子经常被蚊子咬得满头都是包，张敏敏看在眼里，疼在心里。

"自己苦点累点都没什么，就是看到孩子跟着受罪心里不是滋味。"如今，回想之前，张敏敏总是故作轻松，说着"都过去了"，但抬起头，眼里早已溢满泪水。

三、感恩社会各界帮扶，夫妻同心共创幸福生活

2014年9月，张敏敏被评为“孝老爱亲好人”；2015年，她被评为“2014年度感动寿光年度人物”。此后，张敏敏的事迹被更多人了解，社会各界被其坚忍不拔的大爱精神所感动，纷纷伸出援手。

在大家的帮助下，丈夫安上了假肢，爱心企业还为他们免费建设了鸭棚。“鸭子娇弱，特别是刚上的鸭苗，一天24小时不能离人。”夫妻二人从头学起，每天起早贪黑，大棚成了他们的“家”。虽然辛苦，但夫妻俩脚踏实地，从不嫌累，收入逐步稳定。随着养殖经验越来越丰富，丈夫李小亮独自承担起了养鸭的责任。后来，张敏敏又到附近工厂打工，家庭收入进一步增加。

奶奶前几年去世，本就残疾的公公视力也越来越不好，考虑再三，张敏敏“回归”家庭，与丈夫一起养鸭、照顾老人。随着寿北蔬菜产业的发展，从没有种过蔬菜的夫妻俩规划着承包一个蔬菜大棚，种植无土栽培西红柿，夫妻同心共创未来。

当年，张敏敏选择了留下，多年柴米油盐的生活没有磨灭这个柔弱女子“守家”的决心。十余年来，张敏敏经历了一次次生活上的挑战，她的生活节奏一直像陀螺一样高速运转，似乎从没有歇息过一天。但她自始至终用自己博大的爱呵护着家人，不曾抱怨过一句。“家人在，家就在。只希望家人能够平平安安，健康快乐，就是我最大的心愿。”张敏敏笑着说。

这就是张敏敏，一个平凡的乡村家庭妇女、一个平凡而又不普通的女人，她用质朴的言语和实际行动，当好好儿媳、好妻子、好母亲，用真心撑起一个坚强的家。

坚守为善之心 铸就无疆大爱

寿光市融媒体中心记者 袁萍

她是四邻八庄老人们的好闺女，每年为老人们缝棉衣、织帽子、送慰问品，如今又带领老人们再就业，把当地非遗产品乡绣发扬光大；她是百余名孩子的“隋妈妈”，就算拼上“老本儿”，也要帮他们完成学业，改变了一个又一个特殊孩子的人生；她是远近闻名的好榜样，成立关爱小组，每年定向定额捐款，组织参加各类志愿服务活动 200 余次，捐款近 300 万元，将大爱化为行动……

她叫隋桂云，57 岁，凯鑫防水材料股份有限公司总经理、寿光市台头镇三座楼村村民。家里一摞一摞的捐赠证书、荣誉证书，见证了她 30 多年的公益之路。2024 年 4 月 18 日，隋桂云入选 2024 年第一季度“中国好人榜”，获评“助人为乐好人”。

一、敬老爱老，她是老人们的贴心“小棉袄”

“没想到这快 90 岁了，还能有钱赚。”“这不多亏了咱那好闺女！”……台头镇三座楼村乡绣馆内，十多名老人正一边制作绣品一边聊天，谈笑间，“绣球”“年年有余”“花开富贵”等一个个制作精美的绣品呈现出来，而她们口中的“好闺女”就是隋桂云。

在三座楼村，乡绣手艺已有上百年的历史。自幼喜爱乡绣的隋桂云致力于非遗技艺的传承推广，带动 100 多人学习非遗技艺，通过电商等平台将乡绣手工品销往海外，让村里20多位70岁以上的老人平均年增收5000元以上。

“从去年七月到现在，我的绣品卖了一万多元了，这都是‘闺女’给的底气。”说话的是三座楼村88岁的张桂荣，每每说起“闺女”隋桂云，老人都是眼含热泪，言语中满是感激。

在三座楼村，隋桂云为老人们做的远不止于此。

三十多年前，隋桂云嫁到台头镇三座楼村，她发现很多老年人外出喜欢戴帽子，而自己对针线活又比较拿手，于是她买上毛线，约上姐妹们，为村里百余位高龄老人织帽子。自此，年年如此。2016年，隋桂云所在的善德公益发起为老人做棉衣公益活动，她又积极响应，买上布料、棉花，专门在厂区办公楼腾出房间，跟志愿者们一起给老人们手工缝制棉衣。如今，这一活动已成为每年秋后隋桂云的规定动作。

“闺女啊，上次拿来的东西还没吃完呢，这又拿来了。”“你得吃，别不舍得。”三座楼村一个普通的院落内，隋桂云提着大包小包进门，一位双目失明的老人迎上来，两人自然地聊着家常。

这样的情景，不时上演。

老人无儿无女，隋桂云在了解情况后，夏天送T恤，冬天送棉衣，平时给老人送蛋奶、被褥等生活物资，中秋节、春节给老人零花钱，带着家人一起去看望老人……担起了当女儿的责任。

近年来，隋桂云的生意步入正轨，她把更多精力倾注于公益。

自2010年开始，隋桂云每年捐款5000元，用于村里举办的“九九重阳老人节”活动。2017年，三座楼村建起了寿光市第一家农村幸福院，隋桂云拿出100万元在寿光市慈善总会设立了助老基金，用于完善幸福院设施和日常花销，目前已兑现21万元。如今的三座楼村，每月都会举办孝老饺子宴、生日宴，开车买菜、买蛋糕、包饺子、刷碗洗盆等，隋桂云每次都是全过程参与。在她的影响下，儿子、孙女也都加入其中，为老人们安享晚年出钱出力。

二、帮困助学，她是孩子们的暖心“隋妈妈”

“最近电商生意怎么样？”“该要孩子了，别总忙事业。”……办公室内，隋桂云正跟一年轻女子手拉手聊着家常，宛若一对亲昵的母女。年轻女子叫小芹（化名），说起隋桂云，小芹直言“没有隋妈就没有现在的我”。

这，要从十五年前说起。

十五年前，小芹的父母因意外去世，因没有经济来源，正上四年级的她打算辍学回家帮奶奶干农活。隋桂云从朋友处了解到小芹一家的情况，立即驱车赶过去。“放心，以后你的学习、生活费我包了！”一句承诺，十余年的付出。

小芹从小学到大学，每学期的学费隋桂云按时交上，一年四季的衣服她早早准备好，祖孙的生活用品她从未间断。小芹大学毕业后，隋桂云又帮着她做起了电商，还送她出嫁。“她拿我当闺女，也会像平常人家的妈妈那样催婚催生。我视她为亲妈，有什么烦恼也愿意跟她倾诉……”小芹说。

小芹，是隋桂云众多“儿女”中的一员。

多年来，只要看到有孩子需要帮助，隋桂云总会第一时间献出爱心。2009 年，隋桂云从报纸上看到一名准大学生小陈（化名）因家庭困难无法缴纳学费，她当即拿出 2 万元助力小陈完成大学学业。四年后，得知小陈考取了研究生，但家庭再遭意外无钱上学，隋桂云与丈夫商量后，持续资助小陈到研究生毕业。毕业后，小陈成功进入央企并在上海成家，回到老家后，她当面跪谢隋桂云。“是隋妈改变了我的一生。”如今，每年春节小陈都会带着丈夫来找“隋妈”聊家常。

2003年，寿光市一小男孩患上了重型再生障碍性贫血，急需治疗费用30万元。看到消息后，她立即联系捐款，也由此走上了帮扶重型再生障碍性贫血患者的慈善之路。考虑到自己力量有限，隋桂云积极联系爱心人士，与他们一起成立了重型再生障碍性贫血救助关爱小组，先后发起“救助雅迪”“拯救玫瑰”“救助小悦悦”等一系列捐资救助行动。

当然，隋桂云的爱心并不局限于当地，只要看到有需要帮助的学生，她都会第一时间帮扶。

“每年至少拿出2万元资助困难学子”是1998年隋桂云给自己立下的目标。20多年来，她不仅坚守着曾经的诺言，还总是超额完成目标，累计捐资助学超过110万元，资助了150余名贫困学生，帮助76人完成了大学学业。

三、让爱燎原，她是身边人的“好榜样”

“一个人的力量很有限，我能长期坚持下来，得益于家人与朋友的支持。”说起自己的公益之路，隋桂云总是这样说。确实，隋桂云身边聚集了众多充满正能量的朋友。

2017年，隋桂云加入寿光市善德公益发展中心，并成为组织的骨干人员。7年来，在她的影响带动下，村里30多名妇女加入善德公益发展中心，让“做公益”成为村里的新时尚。

每年入冬前，为周边村的孤寡老人做棉衣；每天为全村20多位残疾人送两顿饭，帮他们清理卫生，购买生活用品；中秋、重阳等传统节日，为老人们送慰问品……如今，这些每年的常规动作，都是隋桂云发起并带领周边志愿者完成的。

2008 年汶川地震，隋桂云个人捐赠 2 万元，孩子也跟着将自己 2000 多元的压岁钱全部捐赠给灾区；2021 年，河南郑州突遇洪灾，她积极协调联系，与 7 家企业共同为河南灾民紧急送去了 16 万公斤爱心蔬菜；她带头捐赠 5 万元为村里修路，改造提升村里的绿化、亮化，扮靓美丽乡村……

“做公益，她有使不完的劲儿。”“她的大爱，让人佩服。”对隋桂云，朋友们从敬重到跟随，公益之路也越走越宽。

“我做得还远不够！从事公益多年，感触太多，收获更多。”于隋桂云而言，做公益不只是付出，更多的是收获。入选“中国好人榜”，隋桂云表示，是荣誉更是鞭策，未来她会一如既往，在公益路上继续前行，点燃更多微光，照亮更多需要温暖的人。

照料岳母30多年 孝婿演绎孝子情

寿光市融媒体中心记者 郑小菲

家住田柳镇西青家子村的村民王焕之，是远近闻名的孝子，30 多年如一日照顾着高龄的岳母，用孝心演绎着感人至深的孝子情。

当记者来到王焕之家时，他正陪着岳母在屋里聊天，当老人得知记者的来意后，激动地说："女婿对我可好了，多少年来一直照顾着我的生活起居，真是难得的孝顺女婿！"王焕之的妻子也一脸幸福地告诉记者："他对我妈是真好，比我这个女儿还细心，我从心里感激他。"

王焕之退休前在昌乐盐运站工作，妻子是田柳镇薛家村人，原来一家人住在昌乐。20 世纪 90 年代，王焕之的岳父中风后半身不遂，王焕之便和妻子商量着把岳父母接到家里一起生活，方便照顾。这一照顾，就是 30 多年。"老人年龄大了，家里又没人照顾，我不放心。"王焕之的这个决定，将生活重担全部压在了他一个人身上。那时，生活算不上富裕，王焕之的工资不算高，家里还有两个读书的孩子，但每次发了工资，他总是先买些岳父母喜欢的食物带回家，逢年过节也少不了过节礼物。

王焕之一边忙着单位的工作，一边忙着给岳父寻医问药，通过各种方式给岳父做康复治疗。每次陪岳父去医院，他都是背着老人上下楼、上下车。为了让老人早日康复，王焕之还自学了推拿手法，坚持每天给岳父做按摩。岳父喜欢看书，王焕之就给老人买来四大名著和放大镜，岳父看累了，他就读给老人听。岳父每次住院，他都陪在身边，喂饭喂药不怕烦，翻身捶背不怕累。有段时间，王焕之的母亲也生病住院，他同时照顾着两位老人，很快累病了，但他也没有抱怨，一边打着点滴，一边照顾老人。医生、护士和相邻病房的病人、陪护都夸赞说“没见过这么好的女婿”。

为了照顾体弱多病的岳父母，王焕之办理了提前退休，住进了西青家子村简陋的老宅子，一住就是十多年。“父亲虽然身体一直不太好，但晚年生活很安心，2019 年去世时享年 90 岁，老人能长寿，可以说是王焕之用孝心换来的。”王焕之的妻子说，儿女成家立业后，她经常到潍坊的儿子家、青岛的女儿家照顾孙辈，所以照顾老人的担子都落在了丈夫身上，但他总是任劳任怨，悉心照料。

“现在儿女都大了，生活条件也好了，我们冬天会带着老人到潍坊市区住，天暖和了就搬回村里，一切都为照顾老人。”王焕之说，岳母今年 99 岁了，身体健康，生活幸福。“老岳母年龄大了，身边时刻不能离开人。”王焕之对记者说，儿女们都已成家立业，照料岳母就是他最重要的事。

“照顾老人 30 年了，会不会觉得累、烦？”记者问。王焕之回答道：“我早把老人当成自己的亲娘了，养老尽孝，就是儿女的本分和责任啊！”王焕之的话朴实又感人。

为了老人能健康长寿，王焕之照顾得无微不至：他专门学了一套健身按摩操，没事就带着老人锻炼；他学习了烹饪技能和养生知识，变着花样给老人做健康营养的美食；天热陪着老人纳凉，天寒就陪着晒太阳，还讲笑话逗老人开心……对于女婿的悉心照顾，老人常挂在嘴边的话就是“多亏了俺女婿”。如今，99 岁的她身体硬朗，是村里最长寿的老人。王焕之感人的孝行，邻居们看在眼里、敬在心里，纷纷把他当成了孝德榜样。

5年638次透析　数字记录了寿光两兄弟对母亲的爱

寿光市台头镇后寨子村党支部

638、星期天，637、星期四，636、星期二……

一个数字对应着一个日期，这些不是密码，也不是往来账目，而是寿光市后寨子村王东兰老人去医院做透析治疗的次数。

2008 年，王东兰被查出尿毒症。最开始的四年，老人还能隔段时间去济南做治疗，可后来老人的身体越来越弱，保守治疗只好在潍坊进行，透析也从一个星期两次增加到两个星期五次，再后来增加到一个星期三次。

王东兰的老伴隋大爷说，这几年都是两个儿子车接车送，风雨无阻地送母亲去医院透析，他们老两口只需要早上七点以前吃了饭准备好就可以，儿子的车会停到门口叫二老出去。每次都是这样，五年零四个月了，从没有中断过一次。细心的隋老爷子用笔和纸记录下了每一次去医院的时间和次数。638 次，换算成距离最少也有四万公里，这既是兄弟俩奔波的脚步，也是兄弟俩为延续母亲生命的孝心。

王东兰老人自己感慨道："自己这两个儿子，真是世上少有。"可隋树滨和隋树新兄弟俩却说："父母亲在，这个家就在，自己做这一点点儿不算什么，是很正常的事。"

老爷子偷偷告诉记者，近十年来老伴儿看病花的钱肯定不是小数，但子女从来没给他们说过。两个儿子、两个闺女也从来没为谁多拿点儿钱谁少拿点儿钱吵过嘴、生过气。

二儿子隋树新解释道，这主要是自己的大哥带头带得好。大儿子说，不管兄弟姐妹们拿多少，剩下的都是他给拿上，其他人都是靠自觉。

这天早上七点多，像往常一样，儿子又接着王东兰去医院了。这是老人五年来第 639 次做透析。

再简单不过的数字，却丈量出了孝顺两个字的厚度，诠释出了爱的温度。

老宋

寿光市融媒体中心记者　袁萍　陈兆峰

一、寿光老宋，谢谢您

“五年前，我认识了寿光一名姓宋的好心人，他不定期地来到偏远的沂山脚下，通过我们学校资助了很多山区贫困学生。他是一个非常善良的普通老人，把山里娃当成自己的孩子，不仅在物资上给予帮助，还在精神上进行鼓励，孩子们都亲切地称他为‘宋爷爷’。他不仅到学校帮助困难学生，还到学生的家里探望，尽己所能帮助他们……”这是一位名叫陈兆峰的临朐县退休教师寄给本报编辑部的一封信。信中详细记录了这位姓宋的寿光人对其所在学校孩子们的帮助经历。陈兆峰曾专程来到寿光，想通过媒体对这位好心的寿光老宋表示感谢。

陈兆峰所在的学校是临朐县九山镇八一希望小学，也是该县南部山区比较偏僻的一所学校。五年前，一个偶然的机会，陈兆峰与寿光老宋相识。“我和老宋很投缘，大有相见恨晚之感。交谈中得知，老宋是寿光人，自己做生意。老宋认识我的第一个要求是资助两个学生，条件是家庭贫困，品学兼优。”陈兆峰回忆，当时自己向老宋推荐了两名学生，老宋很是上心，精心准备后，带着他的一位好友驱车到学校看望了两名学生，同时也给他们带去了资助金和礼物，并承担了两名学生在学校的一切费用。

“我感觉这是一个宣传正能量的好题材，就想通过媒体报道一下，可老宋怎么也不同意，也不愿透露他和好友的名字。”陈兆峰说，老宋穿着朴素，为人低调，但对孩子们却很大方。此后不久，老宋又通过学校的其他老师资助了一个名叫丽丽的学生，该学生写作能力很强，每次在省级以上作文大赛中获了奖，老宋都会给予额外奖励。在老宋的帮助下，丽丽的学习成绩越来越好，如今已是一名品学兼优的初中生了。

前几年，丽丽的妈妈在体检中发现身体出现问题，丽丽在无助中想到了宋爷爷，就给老宋打了电话。老宋接到电话，二话没说，放下手中的工作立即驱车来到沂山脚下丽丽所在的马头店子村，接上丽丽的妈妈后又赶到潍坊一家医院就诊。挂号、缴费等一系列检查下来，庆幸的是丽丽的妈妈只是患了甲状腺肿瘤。老宋又请了专家会诊，医生建议切除，否则病变概率很大。后来，在老宋的安排下，丽丽的妈妈顺利进行了手术。

老宋的善心感动了丽丽一家人，更感动了山里人。“老宋的爱心行为深深打动了我，我把他作为榜样典范逢人就讲，还写了一篇《老宋其人》发表在媒体上。起初，许多人还不相信有如此满怀爱心的人。”陈兆峰说，退休后，他与老宋的联系相对少了，但他一直关注着老宋。通过省内的多家媒体得知，这几年，老宋还救助着许多地方的贫困学生。

“我一直想知道老宋的真实姓名，可问了多次，他总是婉言谢绝，也不透露半点自己的其他信息。这次来寿光，我就想通过老宋家乡的媒体，对他的无私大爱加以弘扬，并表示感谢。”陈兆峰告诉记者，退休后这些年，他一直想来寿光看看老宋，看看老宋的家乡。这次联系《寿光日报》其实是“瞒”着老宋的，因为如果让他知道，老宋肯定是谢绝的。而自己之所以这么做，是因为除了表达全校师生和家长们的谢意外，还想通过媒体宣传老宋身上的这种正能量。同时，也希望越来越多的爱心人士关心关爱山区孩子，让更多孩子走出大山，成长为社会栋梁。

二、老宋其人

老宋叫什么名字，我不知道，所以称其老宋。

老宋是一个非常善良的人，从其所做的事情就可以看出。

老宋和我认识有五年了，事情就从五年前说起。

五年前春天里的一天，同事陈加战有些神秘地告诉我，他在网上认识了一个非常热爱公益的人，是个“大老板”。我立刻要了对方的联系方式并加了微信好友，他就是老宋。

我和老宋谈得很投缘，大有相见恨晚之感。交谈中得知，老宋是寿光人，做着生意。老宋认识我的第一个要求是资助两个学生，条件是家庭贫困，学习还要好。

作为班主任，我对学生的家庭情况了如指掌，立即向老宋推荐了金雪和欣雨两个品学兼优的好学生。

老宋对这件事非常上心，精心挑选了一个日子，带着他姓邵的好友及妻子驱车来到沂山脚下的八一希望小学。他们给两个学生带来了好多礼物和几百元助学金，并承担了学生上学需要的一切费用。

我感觉这是个宣传爱心的好题材，想要把老宋的事报道一下，可他怎么也不同意，也不透露他和老邵的名字。看起来，老宋和好友都是非常低调的好心人。

老宋还救助了陈加战老师班上一个叫丽丽的贫困学生。丽丽写作和演讲能力非常突出，所写的作文经常在省级以上的大赛中获奖。2018年5月，丽丽又在语文报社举办的全国大赛中获奖，老宋非常高兴，奖励了她500元钱。受老宋的感召，我也委托陈加战老师奖励了丽丽500元。为此，丽丽高兴了好几天。这些钱，她都买了图书来阅读。

用“感人至深”来形容老宋做的好事一点也不为过。前年秋季里的一天，丽丽的妈妈在体检中查出了重病，一家人六神无主，丽丽在哭泣中想到了远在寿光的宋爷爷。她给宋爷爷打了电话。老宋接到电话，二话没说，立即放下手中的工作，驱车几百里来到沂山脚下的马头店子村，接上丽丽的妈妈赶到潍坊一家医院救治。在老宋的安排下，丽丽的妈妈顺利进行了手术。老宋的善心感动了丽丽一家人，更感动了我们山里人。马头店子村人奔走相告，说“山里来了寿光的大救星”。

其实，从寿光到临朐沂山脚下有二三百里路，老宋来这里看望资助的贫困学生很不方便。于是，他想在这里建一个石油运输交换站，委托我联系查看了好几处租赁点。由于山区空闲处小，建站要求条件又高，所以老宋的计划一直没有实现。退休后，我与老宋见面的机会很少了。

虽然见面少，但我时刻关注着好心的老宋，通过潍坊人民广播电台、山东教育电视台等新闻媒体得知，老宋还资助着许多其他地方的贫困学生。原来，他一直是一个低调的“爱心大使”呢！

老宋是一个非常重感情的人，每到节日，他都给我微信问候，我知道他是尊重我，更是尊重教师，尊重教育。虽然我也及时回信，但总有些惭愧，觉得理应我先给他写信才对，毕竟他有恩于我们山里人。

如今，我退休了。当我把退休的消息第一时间告诉老宋，他非常高兴，还祝我生活顺心！

现在自由时间多了，我决定看望老宋。

三、寿光老宋匿名捐资助学，无私奉献精神引读者热议

一位普通的寿光人，匿名到山区资助了多名贫困学生和特殊家庭，直到受助学校的一位退休教师专程来到寿光，通过媒体感谢这位寿光好心人，他的爱心之举才被广大寿光市民熟知。2023 年 3 月 1 日、2 日，《寿光日报》分别以《寿光老宋，谢谢您！》《老宋其人》为题对寿光老宋的故事进行了连续报道。文章发出后，在寿光引起强烈反响，读者纷

纷为老宋助人为乐、无私奉献的精神点赞。

“读罢《寿光老宋，谢谢您！》一文，深深被老宋的精神所感动。老宋助人为乐不求名利，默默奉献，用实际行动诠释了新时代雷锋精神，充分体现了寿光人‘上善若水，大爱无疆’的博大胸怀，我们要以老宋为榜样，把爱心接力下去，把社会的关怀和温暖送给那些需要帮助的人。”《寿光日报》忠实读者李钦友第一时间给记者发来这样一段文字，字里行间透露着对老宋的敬佩之情。

“老宋是善良正直的寿光人的代表。”“我们应该学习老宋这种乐善好施的精神，从身边小事做起，形成人人做公益、时时做公益的文明氛围。”……有关老宋的报道通过报纸、寿光云等媒体渠道转发后，众多读者留言点赞。大家纷纷表示，要学习老宋的这种善行和美德，把文明正能量传递下去。

寿光是一座从不缺少爱与正能量的城市。有以百米冲刺的速度，用自己身体保护老人周全的于梅；有热衷公益，携手一生甘苦与共的“雷锋夫妻”周洪三、桑秀文；有不顾个人安危，与消防救援队员一起给运输车灭火的洒水车司机梁俊华……一个又一个充满正能量的平凡人物，以他们不平凡的事迹，带给我们一次又一次的感动。他们是平凡的，又是伟大的，不是高高在上、触不可及的，他们就是我们身边的人，可亲可近，是我们的邻居、同事。他们用言行诠释了寿光人骨子里的乐善好施、扶危济困的奉献精神。

在“雷锋月”，形式多样的志愿服务活动如火如荼地进行着。遍布大街小巷的志愿者，让我们再次看到了寿光人的善行义举，再次感受到了寿光这座文明城市的温度。一个个凡人善举，汇成了这座城市的精神史诗，成为这座城市的最美底色，诠释和讲述着城市之所以文明、友善，之所以美好、幸福的理由与源泉。

“爱人者，人恒爱之；敬人者，人恒敬之。”让正能量成为我们的精气神，让更多人学好人、敬好人、做好人，将身边的感动转化为自身行动，转化为干事创业的强大动力，共同汇聚起城市不断发展进步的强大精神力量。

第二章 立德树人

创新开办家长学校　推动家校社协同育人

寿光市关心下一代工作委员会

为深入落实党中央提出的“教育的根本任务是立德树人”要求，根据上级关工委和教育部门关于家校社协同育人的要求，在寿光市委、市政府领导下，我们关工委会同教育和体育局（简称教体局）联系实际，创新办法，探索开办了家长学校，收到了良好的效果。

一、充分认识举办家长学校的必要性和迫切性

我们关工委一班人通过调研看到，在幼儿园及学校学习的孩子们，从小生活物质条件优越，精神文化多元，一些家庭教育存在力度不足和方式不当的问题，导致一些孩子出现了无理想志向、不通情达理、不爱劳动、厌学等情况，有的初中学生存在吸烟、打架等不良行为，有的甚至走向违法犯罪。一些家长感到着急焦躁、苦闷无奈。这些情况引起了全社会关注。同时，不管城市还是农村，一些家长自身道德素养较低，存在自私自利、家庭关系不和谐等问题，直接阻碍了孩子的全面成长和乡村文明建设。

习近平总书记对加强孩子的立德树人教育、家庭成员的道德文明教育高度重视，多次指出全社会要注重家庭家教家风建设。在调研的基础上，我们经过认真讨论研究，一致认为举办家长学校是有效方法，通过把家长组织起来，学习教子之道、父母之道，学习文明理念等，以推进立德树人工作的落实，促进家庭和谐、城乡文明。对此，寿光市委常委

会专题进行了研究，大家思想高度统一，认为办好家长学校意义重大，且十分迫切，务必切实抓好。

二、从实际出发，创新举办家长学校

（一）在初中学校开办家长学校

寿光市现有幼儿园 171 所、小学 90 所、初中 41 所、高中 6 所、职业学校 3 所，在幼儿园和学校的幼儿和学生共 19.64 万人，每个年级的孩子在 1.1 万人左右。我们通过分析研究，从幼儿园到高中，各幼儿园和学校都设有家长委员会，老师定期同孩子家长通报交流，互相配合，协同教育孩子。但受场所、时间、角度等因素影响，提升家长素质的工作明显乏力。为此，我们于 2016 年开始，选取了初中一年级学生家长（1.1 万人左右）试点开办家长学校，即利用家长周五、周日接送孩子（孩子全部住校）时间，让家长提前到校，每月上一课，每课 1.5 小时，学制一年。我们为每个家长学校选配了两名辅导员，一名为在职老师，一名为“五老”志愿者。授课的方式为辅导老师带领家长诵读《弟子规》等经典著作，然后播放教学课件视频，再由辅导员辅导，最后互动交流，安排作业。“五老”辅导员联系实际，用群众语言讲，深受家长欢迎。

（二）在农村（社区）举办家长学校

2022 年，随着抗击新冠疫情形势趋于平缓，我们深入农村、城市居民小区、学校、学生家中进行了细致调研，就开办家长学校的场所、学员、教学方式、时间等问题充分征询意见，并会同教体局等相关部门进行了详细研究，制定了实施意见。

（1）试点先行。2022 年春天，在全市 15 个镇（街区）选取了 76 个村、4 个城市居民小区先行试点，开办家长学校，摸出经验后再逐步推广。

（2）确定学校场所。农村设在村委党员会议室；城市居民小区设在附近学校。

（3）明确学校学员。全市统一规定，家长学校的学员为本村（小区）从幼儿园孩子至高中生的家长。据调查，农村该年龄段孩子家长户占总户数的60%左右，城市小区该年龄段孩子家长户占总户数的70%左右。每个家长学校的学员为一个班，从学员中选出班长（也可由农村、居民小区的妇联主席兼任）、副班长，幼儿园到高中学生的家长按学段分别成立学习小组，选出组长、副组长。

（4）选配辅导员。辅导员的素质水平决定着家长学校的教学水平，决定着学员学习热情的高与低。我们分别从市、镇（街区）中华优秀传统文化志愿者讲师团和在职教师中，为每所家长学校各选配1名辅导员，并对辅导员进行了专题培训，让他们明确了讲什么、怎么讲，尤其做到搞好调查，讲课要联系实际，讲群众语言。

（5）成立家长学校校务委员会。各家长学校成立校务管理委员会，校长由农村、城市居民小区的党组织书记担任，副校长由农村、城市居民小区的妇联主席、周边学校负责人担任，委员由家长学校辅导员、班长等担任。校长负总责，妇联主席负责学校具体事务，与辅导员沟通协作，并对接相关幼儿园、小学、初中。同时，借助学生向家长传达学校的开学、上课通知，高中生家长由妇联主席负责通知。建立家长学校学员微信群。开课前，由妇联主席负责在微信群内发布通知，提醒家长学员按时到校。若家长学员遇特殊情况无法按时到校，需经妇联主席批准后才可请假。

从2017年开始，每年秋季开学后，我们会组织中华优秀传统文化志愿者讲师，利用两个月的时间，在全市300多所中小学校、幼儿园开展中华优秀传统文化宣讲活动。针对全市幼儿园小班、小学一年级、初中一年级新入学的学生及其家长，以及高中一年级学生，举办一场中华优秀传统文化专题讲座，引导家长和学生从中华优秀传统文化经典中汲取做人和教子的智慧。每年受益的家长和学生超过 5 万人。

（三）组建家长学校讲师团

举办家长学校，需要一支家长认可的讲师队伍，我们借助市中华优秀传统文化志愿者讲师团的力量，效果颇佳。寿光市 2015 年成立了中华优秀传统文化志愿者讲师团，人员以退休干部、教师为主体，目前已发展到 700 人。为提高讲师团成员水平，我们采取了以下措施。一是邀请专家讲课培训，先后对讲师团成员进行了 26 次培训。二是外出参加培训学习。我们分别到济南、广州等地参加中华优秀传统文化和家庭教育培训班培训。三是定期学习交流。我们建立了日常学习制度，即周六经典读书会（两周一次），学习《大学》《论语》等经典，大家相互交流，受益匪浅，人人提高了理论素养和演讲水平。同时，我们对农村、社区（968 个）党支部书记、妇联主席，市直各部门、单位的负责人，小学校长、幼儿园园长分期分批进行了 3 天培训，共培训 4200 人，为弘扬中华优秀传统文化、办好家长学校奠定了良好基础。

（四）统一编写家长学校教材

开办家长学校成功与否，关键是教学内容是否受家长欢迎。为此，我们成立由关工委、宣传部、教体局、妇联等部门人员组成的教材编写委员会，对每课内容进行编写审定，将编写审定后的内容以电子文件的形式，发放至各家长学校，用于统一授课。我们研究确定的教学内容主要涉及三个方面。一是教子之道。通过学习中华优秀传统文化，让家长牢记至要无如教子的祖训，明确家长的任务是培养孩子良好的道德和习惯，方法是言传身教，同时学会解决孩子身上存在的问题。对此，我们设置了“孝为德之本”“培养孩子健全的人格”“如何防止孩子迷恋手机”“怎样有效地进行亲子沟通”等课程。二是做人之道。父母要想当一名合格的家长，首先要做一个道德合格的人。为此，我们设置了“夫妻之道”“家和万事兴”等课程。三是文明之道。父母要当一个合格的家长，必须当一个新时代的文明人，尊重老师、支持老师工作，才能以身作则把孩子培养成一名德智体美劳全面发展的新时代建设者。为此，我们设置了“一言为重百金轻”“国之本在家”等课程。

三、全社会联动，家校社协同育人

在试点开办家长学校的同时，我们还探索了家校社协同育人的多项工作。一是开展中华优秀传统文化进农村、进学校、进家庭、进机关、进企业、进网络等“六进”活动，以全面提升公民道德素养，为孩子全面成长打造良好环境。二是开展婚姻家庭辅导。组织 360 名“五老”志愿者，对每对提出协议离婚的夫妻进行辅导。从 2017 年至 2024 年，共接待拟离婚夫妻 20544 对，劝和 10095 对，使 1 万多个孩子继续在完整的家中成长。三是对特殊群体未成年人加强教育管理。2015 年以来，每年中考结束后，我们联合教体局、妇联等单位，组织人员对初中毕业后拟不升高中段学校继续学习的学生，逐户上门进行劝导，动员他们到职教学校就读。对一些家长管不了、存在不良行为的孩子，由村（居）妇联主席组织公安、司法人员，定期入户进行教育，从源头上预防青少年犯罪。连续 10 年来，寿光市未上高中段学校学习的学生由原来的 10% 下降至 1%，累计有 8000 多名初中毕业生得以继续上高中段学校学习。

四、家长学校发展态势向好

一是反映良好。学生家长听课后纷纷点赞：“老师们讲得太好了，我们知道了教育子女的重要性，学会了教子的方法，同时也学会了如何当父母，如何做一个新时代的文明之人，以后我们一定积极参与学习。”村（社区）干部一致反映，村（居）民参加家长学校学习，是提高城乡文明的重要举措，他们将坚决努力办好。教师反映，学生家长参加家长学校学习，形成了家校共育的良好局面，对学生立德树人起着不可替代的重要作用。

二是家长学习中华优秀传统文化形成新风尚。家长学校的开办激发了学生家长学习中华优秀传统文化的积极性。2023 年 12 月，我们组织了全市家长学校诵读中华优秀传统文化经典比赛，每镇（街区）选送一支 10 人以上诵读队和一人讲家风参赛，收到良好效果。台头镇南兵村在春节期间进行家长与学生诵读《弟子规》全村大比赛。2024 年，台头镇开展《弟子规》进万户学习活动。家长学校的开办在全市引起了很大反响。有些没有列为试点的村，支部书记主动请求成为试点，以加强对村民的教育引导，提升村风文明。

三是志愿者热情高涨。家长学校的顺利推进，离不开广大志愿者的共同努力。各位讲师团成员踊跃参与、精心备课，驾车奔赴各试点村和学校，努力讲好家长学校每一课。尤其是“五老”志愿者们退休不退志，不辞辛劳、四处奔波，为家长学校顺利开办付出了大量心血。各试点村、居民小区的一些志愿者自觉奉献，积极参与志愿服务，推动了家长学校的顺利开办。

我们将坚持不懈地抓好家长学校试点工作，及时解决办学过程中出现的问题，探索办学办法，让家长学校常态化、制度化、普遍化运行，让其成为协同育人的重要力量，成为城乡文明建设的主阵地，为培养德智体美劳全面发展的社会主义建设者和推动新时代文化文明建设做出贡献。

让中华优秀传统文化在教育领域落地生花

——寿光市盘活本地优秀传统文化赋能教育高质量发展的实践

寿光市教育和体育局

寿光市教体局根植中华优秀传统文化沃土，将特色课程、校家社共育有机融合，以“文化宣讲、经典诵读、感恩教育、爱国教育、校园文化、教师培训、文化融合”七个体验为切入路径，打造了多元一体、兼收并蓄的中华优秀传统文化教育体系，在现代教育发展中为中华优秀传统文化教育注入了时代新活力。

一、以文化宣讲为切入点，大力弘扬中华优秀传统文化

寿光市教体局印发《寿光市教育系统弘扬传承中华优秀传统文化教育实施方案》，建立了中华优秀传统文化课堂教育与课外实践相结合的教育路径。

一是组建宣讲队伍。围绕立德树人、家风家训、亲子沟通、和谐家庭环境构建、中华优秀传统文化弘扬等内容，成立校家社共育暨中华优秀传统文化教育宣讲团，常态化开展宣讲工作。宣讲团成立至今，共培养了百余名宣讲团成员，举办活动累计 200 余次，受益学生达 14 万余人次。

二是丰富宣讲形式。联合关工委“五老”宣讲团在 9 月、10 月升学季，面向幼升小、小升初、初升高三个学段 5.1 万余名新生家长，集

中开展了一次“弘扬中华优秀传统文化培育优良家风家教”主题宣讲活动。与关工委合作开设初中一年级家长学校 41 个，面向初中一年级家长开设中华优秀传统文化讲座，一年 6 次，每次 1.5 小时。

三是用好网络宣讲平台。将校园网络文化建设与思想政治教育、素质教育相结合，利用线上线下多种途径开展网络道德、网络文明、网络安全、网络法治教育，丰富校园网络文化建设内涵。

二、以经典诵读为切入点，传承中华优秀传统文化经典

寿光市教体局针对不同年级学生的年龄特点，按年级分层布置、梯度推进经典诵读内容，各学校在夯实课堂教学主阵地的同时，坚持开展课外经典诵读活动。

一是坚持每日一读。每天利用“晨诵、午读、晚讲”三个时段开展自由阅读和诵读，每天课外阅读的时间低年级不少于 30 分钟，中高年级不少于 60 分钟。

二是坚持节日诵读。利用传统节日、纪念日等节点，开设经典诵读舞台，让学生通过朗诵、演讲、歌舞、情景剧等形式诵读展示，在轻松快乐的气氛中走进经典、感受经典。

三是坚持集中展示。教体局每年组织中小学经典诵读比赛，以赛促读、以读促学，让广大师生诵读经典、传承经典。同时，鼓励学校立足实际，创新做法，认真规划寒暑假读书活动，实现了节假日阅读活动的课程化建设。

三、以感恩教育为切入点，浸润中华优秀传统文化教育

寿光市教体局将感恩教育作为学校德育教育的一项重要工作，鼓励学生从小事入手，巧用各种节日，把感恩理念内化于心、外化于行，经

过多年的探索，建立了一套行之有效的教育模式。

一是强化宣传教育。组织开展对父母“五个一”、对老师“七个一”、对同学“一帮一”的感恩活动，让学生在感恩中健康成长。抓住重要节日、毕业典礼等节点，开展主题团日、主题队日活动，召开感恩教育主题班会，组织学生学唱《感恩的心》《为了谁》等感恩歌曲，观看《建国大业》等影片、视频，强化形势政策和革命传统等国情教育，教育学生常怀感恩之心、常立感恩之德、常行感恩之举。

二是强化思政教育。遴选出30个红蓝绿“实境思政育人”打卡地。新建乡村“复兴少年宫”30多处，建设学校“小菜园”138个，与菜博会、三元朱村等共建教育基地286处。培养1600多名“红领巾”解说员，把蔬菜大棚、教育基地、乡村社区、校园菜地变成了思政育人的大舞台，培育学生感恩之心。

三是强化文化育人。指导各学校充分利用校园空间，设计感恩教育元素，达到“处处皆教育”的育人效果。

四、以爱国教育为切入点，赓续中华优秀传统文化基因

寿光市教体局聚焦青少年群体，将爱国教育纳入教育体系，并贯穿学校教育全过程，挖潜寿光本土红色文化教育资源，打造以红色文化为载体的大思政课程资源和爱国主义教育“大课堂”。

一是从认知方面培养。抓“四史”教育（党史、新中国史、改革开放史和社会主义发展史教育）进课堂、进课程，构建了覆盖各学段“四史”课程体系，将爱党爱国思想融入学科教学，与“四史”教育同向同行，培养学生树立正确的历史观、人生观、世界观，为今后的学习成长提供了强大动力。

二是从情感方面培养。采用“线上+线下”相结合的方式，组

织开展“六个一”活动，充分利用“五一”劳动节、“七一”建党节、“十一”国庆节等重要节日纪念活动，弘扬爱国主义精神，激发学生爱国主义热情。

三是从行为方面培养。组织开展“党史国史进校园”、“四史”学习教育专题展览等活动，用活本土红色资源，研发研学路线。组织学生走访身边的老革命、老党员、老干部等先进人物，听他们讲感人经历、动人典故和英雄事迹，引导教育学生把今天的学习生活同寿光的家乡建设重任联系起来，努力做祖国需要的合格人才。

五、以校园文化为切入点，打造中华优秀传统文化育人氛围

寿光市教体局以建设“书香校园”“绿色校园”为目标，采取多项有力措施，大力推进校园品牌文化建设，促进学生全面而有个性地发展。

一是实施校园“五清三提”工程。每年暑期，集中对教室、办公场所、宿舍、食堂、厕所等区域进行卫生清理，实现校园绿化提质、美化提效、文化提升，指导学校因校制宜科学设置党史国史宣传栏、张贴红色文化宣传画、打造中华优秀传统文化长廊和红色主题文化墙等，全方位、立体化营造浓厚的文化教育氛围。

二是开展校园观摩。每年组织教体局领导班子、科室主要负责同志等集中入校，对全市所有中小学校园文化建设、社会主义核心价值观建设等开展情况，进行全覆盖式现场观摩、集中评议，以查促改，以查促实，建设“会说话”的美丽校园。世纪东城学校（初中）在每个教室的外墙上，根据时令节日，适时展示学生的春节、清明节、端午节、中秋节等实践活动作品，让学校的每堵墙面、每个角落都洋溢着浓郁的传统文化气息。

三是拓宽校园阅读空间。指导各中小学校结合学生年龄特点，在教室内全部设置“读书角”，利用室内外墙壁张贴学生读书笔记和读书心得，推荐优秀阅读书目。利用楼梯间、门厅旁、走廊边等闲置部位，打造读书乐园，建设读书吧、阅读角等阅读空间1300多个，为学生提供惬意的阅读场域，让阅读随时随地发生。

六、以教师培训为切入点，提升教师中华优秀传统文化素养

寿光市教体局全面加强中华优秀传统文化培训，强化主题学习，着力塑造一支有内涵、有修养的教师队伍，强化立德树人的核心支撑。

一是建立学习制度。教体局机关、各学区学校成立中华优秀传统文化学习领导小组，将中华优秀传统文化纳入局机关及学校班子理论学习重要内容。定期召开教育系统中华优秀传统文化报告会，将中华优秀传统文化作为师德建设的重要内容纳入教师继续教育培训，实现集中学习和自主学习相结合。化龙镇教育学区确立了“文以化龙”的办学理念，组织老师读《论语》，通过微信公众号平台领学，一天一发，一次5句，目前共发布了300多期，将其作为学习中华优秀传统文化的入门课。

二是邀请专家培训。邀请中华优秀传统文化宣讲团专家到校讲学，专家深入解读经典著作，如《论语》《孟子》《朱子治家格言》等，让教师了解中华优秀传统文化的内涵与价值。鼓励中小学建立中华优秀传统文化专题学习群，举办读书交流会、主题演讲、学习沙龙等，实现线上线下学习全覆盖。圣蕾幼儿园每学期邀请专家入园讲学，提高教师中华优秀传统文化素养，并将中华优秀传统文化知识融合到课程和活动中。

三是建设课堂教学阵地。各学校组织成立中华优秀传统文化教研组，开展中华优秀传统文化课教学设计、微课评选活动。各学校结合实际，充分挖掘当地文化资源，引导教师将中华优秀传统文化融入校本课

程开发，提升育人效果。弥水未来学校在课程中加入中华优秀传统文化元素，以传统柳编手工艺为内容开发了校本课程。

七、以文化融合为切入点，积极传承中华优秀传统文化

寿光市教体局积极探索具有科学性、针对性及区域特色的中华优秀传统文化教育模式，精心组织，系统推进，让学生在中华优秀传统文化的滋养中，提高自身文明素养，传承本地文化基因。

一是打造特色传统文化品牌。积极组织各学校深挖本土资源，创建自己的文化品牌。圣城中学把立足寿光优秀传统文化，将“三圣文化”提炼为学校文化，传承农圣贾思勰“教育即生长”、文圣仓颉“传承和发展”、盐圣夙沙氏“教育即生活”的理念，成功构建了“三圣教育”课程体系。圣城小学将中华优秀传统文化作为学校德育工作和校园文化建设的着力点和突破口，积极营造浓厚的校园文化氛围，立足地域特色，打造了“圣贤教育”品牌。

二是开展特色传统文化活动。以活动建设为支撑，全力打造个性鲜明的学校特色活动，指导各学校在开展日常活动的基础上，准确定位、挖掘内涵、开发富有特色的活动。寿光中学为加强中华优秀传统文化和校史文化教育，以 1924 年创建的北海书院为参照，建立了中华优秀传统文化教育基地——北海书院。在学校院内原址复立仓颉造字遗址“启秘台”，重启了“启秘台致礼文祖仓颉”典礼活动。营里西黑前小学凸显劳动教育，将西黑前村人即将失传的“手做豆腐”工艺重新拾了起来，找齐了“老物件”，搭起了“豆腐坊”，让学生在劳动体验中传承中华优秀传统文化。

三是开发传统文化课程。指导各学校立足本校实际，深入挖掘中华优秀传统文化资源，充实课程资源，完善课程体系，以文化建设赋能教

育高质量发展。全福元实验学校崔家校区完善校村共建机制，充分挖掘山东省非遗项目《百鸟朝凤》的内在文化和精神，深化中华优秀传统文化艺术教育，形成校本化课程资源。北关小学围绕“知行合一，育人为本”的办学理念，以本土优秀传统文化教育为德育教育切入点，构建了“知行教育”课程体系，有效实现了对中华优秀传统文化的传播。

在寿光市，从城区到乡村，丰富多彩的中华优秀传统文化活动正悄然成为师生校园生活的新亮点。随着这些富有新意的活动以喜闻乐见的传播方式开展，中华优秀传统文化真正地“飞入”了寻常百姓家，深深植根于教育沃土之中，绽放出勃勃生机与无穷魅力。

让中华优秀传统文化赋能乡村教育振兴

李 华

乡村教育的振兴是从幼儿园到中学教育的整体振兴，孩子们在本土连续接受十几年的良好教育，能够种下深厚的乡土情怀、家国情怀，而多年以后，他们也将是反哺家乡、推进乡村振兴的强大生力军。乡村教育强，则县域教育强。乡村学校的高质量发展，是乡村振兴战略的重要内容，同时只有城乡教育优势互补、相得益彰，才能共同谱写县域教育优质均衡发展的和美篇章。要振兴乡村教育，中华优秀传统文化是一个重要的切入点。

一、延展“化龙”文化，提振“化龙”力量

教师兴则教育兴，教师强则学校强；强队伍先强作风，强作风先抓文化。文化要溯本追源，从传统出发，师者如光，文以化龙。

“无论乡村还是城市，每一个孩子的梦想都很重要，城乡亿万名孩子的梦想加在一起，才能汇聚成强大的实现中华民族伟大复兴中国梦的时代洪流。‘化龙桥’连接着你我他，连接着乡村与城市，连接着当下与未来，连接着中国与世界，连接着文明与兴盛。让我们以强烈的使命担当、深沉的家国情怀、先进的教育理念、高远的发展规划、宏大的格局胸怀，凝心聚力，踔厉奋发，为共同构筑伟大的新时代城乡一体最美优质均衡‘化龙桥’而不懈努力！我们都是‘化龙人’，同心共筑‘化龙桥’。”

以上是2023年12月12日，《寿光日报》发表的《化龙人话化龙桥》一文中的文字。这是我在刚刚调任寿光市化龙镇教育学区主任，到化龙走访调研后写的第一篇文章。文章从“化龙桥”名字的由来进行引申，将“化龙”与家长的“望子成龙”相结合，将“化”与“育”相结合，将每一个平凡的“梦”与“中国梦”相结合，最后通过“桥”连接起乡村与城市、当下与未来、中国与世界、文明与兴盛……文章一经发表引起众多新老“化龙人”的感叹与共鸣。“我们都是‘化龙人’，同心共筑‘化龙桥’”也成为全体化龙教育人奋斗的格言，“文以化龙”理念，由此形成。

用中华优秀传统文化赋能乡村教育，我已经坚持多年。早在2017年，我担任稻田镇田马初中校长时，就把党的十八大报告中“要把立德树人作为教育的根本任务”与《大学》中“修身、齐家、治国、平天下”的主张相结合，提出了“立德树人，和合致远”的学校文化。通过对校园文化的解读，引申出办学理念9条内涵和个人发展10条内涵。办学理念层面既有团队建设又有课程理念建设，个人层面既有和而不同、善于沟通，又有换位思考、与人为善，合作共赢、凝心聚力……一个个鲜活的核心词汇，让全体教职工更新观念、勠力同心，短短两年，学校的风气和风貌都发生了很大变化，教师队伍素质提升明显，学校教育教学及安全稳定工作全面提升，各项比赛硕果累累。

2021年7月，我调任古城街道北洛初中校长。到任之后，依旧是先研究学校文化，对于“悦纳自己，赏识他人”的北洛理念，我认为既扎根北洛本土，又有深刻永恒教育价值。为了更好地将其传承并展示出来，我将理念进行转化：欣赏每一个人！变“赏识”为“欣赏”，过滤了师道尊严，增加了平等亲和，扩大了适用范围，融入了时代要求，也更好地体现了“和而不同”“不同而和”“美美与共”“和合共生”的中华优秀传统文化理念，对师生的影响更为深远。

事实证明，欣赏的文化合乎时代，合乎民心。当今社会，每一个岗位都值得尊重，学会用欣赏的眼光看待他人，人人心中都有光；被用欣赏的眼光看待，人人心中都有爱。欣赏别人，被别人欣赏，化日常平凡为不凡，去不快艰辛于无形。无论是平凡的日常还是隆重的节日，每一位教师，每一名学生，每一位安保人员、食堂从业人员等都能感受到大家庭的温暖，他们每天都在快乐的氛围里生活、工作、学习，课堂更加高效、团队更加团结、学生更加阳光、家校更加紧密，学校成绩突飞猛进，短时间内跻身全市初中学校前列。

二、深抓学习引领，赋能家校成长

营造润物无声的文化氛围，可实现中华优秀传统文化的潜移默化育人，而中华优秀传统文化中蕴含的哲学、美学思想，文化品位和价值引领是需要切实学习和践悟的。

“学习中华优秀传统文化，能够使我们在平庸平常平凡的生活中保持定力，从容应对人生中的风雨，能够使我们更好地做人做事，更好地工作和生活。我们要加强对中华优秀传统文化的学习，努力从中华优秀传统文化中汲取智慧和力量，向下扎根、向上生长、向前发展，让自己和孩子们更好地成长。”

这是2024年2月22日，我在化龙镇教育学区开展的以“教育与中华优秀传统文化相融合”为主题的教师专题培训会上的发言。实际上，从2024年1月30日（农历腊月二十）开始，化龙镇教育学区通过微信公众号以“每日精读”经典名句的形式，每天一期，带领学区师生、家长学《论语》。每期的发文中，有原文、有解读、有视频，所有发布内容我带头精挑细琢，以还原经典、多元呈现的方式，高质量助学。截至2024年6月8日，第一轮学习完毕，共发布117期，涵盖了《论语》全书共492章。在此期间，我们学区的中华优秀传统文化学习领导小组还带领骨干教师命制试题、组织竞赛、创编节目等，多种形式深化学习效果。在依次完成“100句”精句优学、“二十章”整章细学之后，为确保《论语》学习走深走实，暑假期间和开学以后，又两次多轮进行复习巩固，真正让师生做到学以致用。

“尧曰：‘咨！尔舜！天之历数在尔躬，允执其中。四海困穷，天禄永终。’”2024年4月23日和9月28日，化龙镇教育学区分别开展了第六届、第七届全国“相约《论语》文化中国”大型公益活动。现场来自学区9所乡村学校的师生代表、市镇领导、嘉宾、家长、传统文化爱好者等300余人，现场齐诵《论语》的“尧曰第二十”。学区各校、幼儿园分会场同步举行，参与人数达3200人。在与圣贤对话、与经典亲密接触的文化盛会中，全体与会人员传承经典、品味书香，广大学子们创新形式，用说、唱、演多种形式解读《论语》，读圣贤书、立君子品。

除了大型诵读展示活动，我们还将市级中华优秀传统文化宣讲资源、传统节日课程等充分利用起来，先后举办“中华优秀传统文化进校园”“中华优秀传统文化与人生规划”“中华优秀传统文化家长课程”等各级各类宣讲20余场。我也经常深入学生、家长、教师身边宣讲、演说。就是在这样的氛围中，在每一天的学习坚持下，在一次次形式多样的活动助推下，广大师生、家长对中华优秀传统文化的理解更加全面和深入，自身的文化自信得以增强，文化自豪感也愈发强烈，学区上下学子懂孝恩、知师恩、感党恩；家校之间衔接紧、共携手、同育人；教师队伍懂育人、强自身、更团结。

三、厚植家国情怀，全心立德树人

家国情怀是中华优秀传统文化教育的重要内容。自古以来，中国文人志士推崇的“修身、齐家、治国、平天下”就是典型的家国情怀。

在我和各位校长、园长的办公桌上，除了办公文件，还长期放有不同版本的《论语》《大学》《道德经》等书籍，大家将自己的学习放置于每天的工作间隙和节假日。

“强国建设的伟大新征程上，国家亟需一支以教育家精神为引领的高素质教师队伍，亟需一大批教育家型的校长、教师。‘苗而不秀者有矣夫，秀而不实者有矣夫’‘不教而杀谓之虐’，身为新时代的学校管理者，我们要建立‘大教育观’，要以身作则‘先之，劳之’，要‘修己以敬’，紧跟时代，活到老学到老，让苗秀且实，对年轻干部多教多练多帮带，让管理的意义和价值为众人所理解。”以上是每周校园长会上，我常说的话。

在引领和践行中华优秀传统文化学习方面，领导者要做先行者；在自身修养方面，更要做引领者。我初到化龙的第一个初冬，就遇上学区丰城家属院的供暖难题，学区拟订方案后，却处处碰壁，无法推进。在这种情况下，想到家属院里早起晚归的职工和牙牙学语的幼儿，我不能等。此方案不通再启用彼方案，都不行就再推倒重来，最终我们用26天时间完成了天然气入户工程。在第一波寒流到来之前，给全体院内教职工及家属送去了温暖。

从2024年2月开始，在教体局和化龙党委的部署支持下，学区提早谋划学区两所小规模学校的撤并工作。从方案的修订到涉及村庄村民、家长、教师等的思想工作，我们都做到科学规划、逐级渗透、稳妥推进，最后用暑假开始的两天时间，快速平稳地完成了两所学校的撤并，为全市起到了带动作用。

一切为了教育，全心立德树人，全面助力学前教育和基础教育提质增效，困难不除，决不罢休。当前，化龙镇丰城初中塑胶操场及篮排球场的改造升级正在进行中，报告厅多媒体及安防监控等设施设备采购安装已经落地实施；实验小学操场、化龙初中餐厅建设项目正在推进中。重融合、抓作风、强团队、提质效，截至 2024 年 9 月，全镇师生在省市县获奖共 489 人次，获单位集体荣誉 45 项，其中，包括省级示范园成功复验荣誉、潍坊市级荣誉若干和寿光市级荣誉若干。全镇教职员工在平凡的岗位上成就不凡，各项创建和教育教学水平正向着高质量迈进。

教师的岗位很平凡，但师者的精神是伟大的。一个个荣誉的获得，一项项成绩的取得，是大家一步一个脚印的实践探索；是全体“化龙人”秉持“已欲立而立人，已欲达而达人”的理想；是不断融会贯通、立足当前、着眼长远的实践；是“士不可以不弘毅，任重而道远”的担当；是日复一日、年复一年地探索、行动、提升，再探索、再提升，不断追求卓越征程中的最好呈现。

师者如光，文以化龙，相信化龙教育人用对教育事业的坚守和执着、对自身和学生生命的热爱，对教育家精神的坚定信仰，一定会书写出化龙教育更加美好的明天。

向着阳光自信生长

寿光市圣城中学

寿光，西汉景帝中元二年（公元前 148 年）置县，历史悠久，人文底蕴深厚，文圣仓颉、农圣贾思勰、盐圣夙沙氏皆为寿光人，世称“三圣”之地。“三圣”对后世的文化、农业、经济都产生了极其深远的影响，“三圣”求实开拓的创新精神也深深镌刻在一代代寿光人的心中，流淌在每个菜乡人的血脉里。

在寿光，有这样一所学校，立足当地人文历史背景，紧跟时代发展新趋势、新要求，将“三圣文化”与学校核心文化有机融合，构建了具有自身鲜明文化主张的办学体系，仰圣学圣，见贤思齐，身体力行，走出了一条开拓创新发展之路。这所学校就是寿光市圣城中学。

一、提炼“三圣文化”，凝聚师生共同价值追求

学校为什么叫圣城中学？这个“圣”字从何而来？学校文化是不是可以从这方面深入挖掘？

《寿光县志》记载，造字鼻祖文圣仓颉的墓和祠都在寿光，仓颉石室 28 字至今无人能识；农圣贾思勰是寿光人，写出了我国历史上第一部农学巨著《齐民要术》，寿光是全国著名的蔬菜之乡；在寿光西北部发掘出了历史上最早的制盐遗址，考证了最早“煮海为盐”的盐圣夙沙氏是寿光人，寿光是全国最大的海盐生产基地。

学校老师们提到：“既然学校被称为圣城中学，能否将三个圣人都

集中到我们学校来，将‘三圣’作为我们的学校文化标识呢？”“我们希望圣城中学学子在这三位圣人的引领下，唤醒自身潜能，仰圣学圣，见贤思齐，成为大气有素养的人。”

经过反复论证和推敲，“三圣”的内涵更加丰富和贴近学校文化育人实际。农圣贾思勰，象征“教育即生长”，让教育为师生提供生命保障，令他们的生活富足，生命有基础；盐圣夙沙氏，象征“教育即生活”，让师生生活得有滋有味，生命有力量；文圣仓颉，象征“传承与发展”，在传承中求发展，让生命有灵魂。以“三圣教育”为核心的学校文化理念系统初步构建起来。

为形成“三圣教育”的浓厚氛围，让师生尽快形成改革共识和自觉行动，学校领导班子把突破口首先选在了新校徽、新校训的重构上。

校徽是一所学校的重要标志和象征，校徽的设计既体现了办学理念和学校精神，又反映了学校的办学特色和发展目标等内容。圣城中学的新校徽中心图案为一枚方形中国篆刻印章，上面刻有三个甲骨文变形“人”字。“三人”造型既象征寿光“三圣”文化源远流长，泽被后世，又寓意“三圣”精神薪火相传，发扬光大。“三人”造型从整体来看，还像一个人在躬身前行，谦卑地向圣贤学习，立志做一名大气有素养的中国人。同时，图案还呈现出左“口”右“耳”辅助造型，寓意耳聪口敏，善闻善问，体现了今日圣城中学人“三人为师，见贤思齐”的校风。校徽整体颜色为将军红，古朴庄重，深沉热烈。校徽构图和谐稳健，简洁明快，厚重大气，将“三圣文化”与现代元素有机融合，达到内外协调统，既有深厚的文化内涵，又有独特的书香气息。

新校训凝练为“仰圣·力行”。其一是“仰寿光三圣而力行”。学习“农圣、盐圣”走进自然，崇尚科学；学习“文圣”，注重内在文化修养，知行合一；学习“三圣”的开拓创造精神，兢兢业业，脚踏实地，为社会、为他人做出贡献，成就生命的价值。其二是“仰古今圣贤而力行”。学古今圣贤，以贤为镜，博古通今，博采众长，创新敢为。其三是“仰身边榜样而力行”。谦虚好学，向身边优秀的人学习，努力使自己成为榜样，让优秀成为一种习惯。

在此基础上，提炼生成了学校的办学理念:“让每一个学生成为大气有素养的人。”校风是“三人为师、见贤思齐”，教风是“惟实惟真、教学相长”，学风是“善闻善问、学以致用”，办学目标是“建设有品位的学校、培养有素养的学生”，完整的文化理念呈现在师生的面前。整体构建，合理安排，文化景观俯拾即是，办学理念以各种形式呈现于校园，增强了师生的认同感，凝聚起师生共同的价值追求。为了更好地宣传学校文化理念，党员教师魏庆伟、丁立美、滕飞等还合作完成了《圣中·三圣颂》和《圣城中学赋》。

二、开发“三圣”课程，以课程改革提升育人质量

学校“三圣教育”确立后，如何发挥它的引领作用，如何让它成功落地、开花结果？学校教研团队着手于开发课程，用课程来影响学生、改造学校、促进发展。

学校成立了文化建设领导小组，多层次召开研讨会，以“三圣文化”为统领提炼出学校文化价值体系，从“文圣”“农圣”“盐圣”三方面分别开发相应课程内容，成立三个团队协同推进，全力打好三大课程体系构建的“三大战役”，真正让文化引领学校整体发展，雕塑学生心灵。

“文圣课程”包括文史课程、文艺课程、文礼课程，主要指向“基础类课程”，目的在于“文化于心”。以国家必修课程为基础，以学科核心知识为中心，强调对基本概念的理解和掌握，以及学科思想的教学，

重视基本技能的训练，构建必修课程核心知识结构，夯实学科基础，激发学习兴趣，为促进学生发挥学习潜能、实现层次递进和自主发展奠定基础。

“农圣课程”包括农慧课程、农健课程、农本课程，主要指向“主题类课程”，目的在于“农重于行”。将学校活动主题化、系列化，超越教材、课堂和学校的局限，密切学生与自然、社会、生活的联系，以学生体验、解决问题的形式对课程资源进行整合，主要包括中华优秀传统文化课程、节日文化课程、研学旅行课程、主题实践课程等。

“盐圣课程”包括研探课程、研思课程、研创课程，主要指向“兴趣类课程”，目的在于“研明于理”。注重强调学生对实际活动过程的亲历和体验，通过参与社会实践、社团活动课程、信息技术课程、创客竞赛课程等，为学生提供个性发展所需的知识，以此有效培养学生解决问题的能力、综合实践能力、探究精神和创新意识。

圣城中学的老师们结合各自学科，自发将三圣广场、三圣教育书院、幸福书吧等文化载体利用了起来。在每周固定的时间，侯爱杰老师带领的合唱社团会把三圣广场“占领”，张春杰老师带领的创客社团会把创客中心“占领”，仲伟平老师带领的国画社团会把圣思园“占领”，杨重庆老师带领的团员先锋社团会把圣雅园“占领”，李洪祥老师带领的诵读社团会把幸福书吧“占领”……初中部语文教研组的范灵、宋慧丽、王洪艳还组织语文老师集体教研，把各班每周两节连排的大阅读课，全部搬到了三圣教育书院。浓郁的文化和读书氛围，使学生们爱上了阅读，甚至每天晚上，书院的教师阅读室都是灯火通明，老师们有的在认真读书，有的在开读书交流会，有的在小声地交流阅读感悟。学校还创新性地成立了小讲解员社团，让这群孩子围着各长廊练习讲解，他们除了为新入学的同学讲解文化景观外，还承担起了为参观团讲解的任务，用实战来检验自己的学习效果。而书法社团的孩子们则大胆提出，要为学校所有文化景观题写名称，择优做成牌匾，永久挂在上面。

在这种人人争先的氛围中，整个校园呈现出百花齐放、竞相争艳的生动局面。学校的体育竞赛、学科联赛、创客大赛、作文大赛等各类比赛一改之前做陪衬、当绿叶的状态，取得全市第一逐渐成为常态，在全省、全国也经常取得优异成绩。

三、党建统领，红色引擎推动“三圣”教育向纵深发展

多年来，圣城中学把“三圣教育”与党建工作有机融合，把中华优秀传统文化与社会主义核心价值观教育有机融合，以大党建思维抓学校文化建设，统领学校一切工作，找准传承与创新的契合点，有力地促进了学校特色发展和党建品牌建设。

中华优秀传统文化、红色文化一脉相承，密不可分。圣城中学将“三圣文化”与党建工作紧密融合，同向发力，突出“六个有机融合”。一是校园文化与党建文化有机融合，建成了“五廊两园一室一家一广场一书院”等一大批党性教育阵地，让党性教育与非正式学习随时随地发生。二是常规课程与党建课程有机融合，编写了《童心向党》《点燃正能量》《跟习爷爷学经典》等党建教材，组织了党建课程素养展示活动。三是名师培养与“红烛先锋”有机融合，成立了12个党员名师工作室，实施了党员教师“传帮带”活动和“青蓝工程”。四是德育工作与“红心向党”有机融合，组织了道德大学堂、德行好少年评选活动，向毕业生赠送《中华人民共和国宪法》《中国共产党章程》等礼物。五是师德师风建设与党风廉政建设有机融合，大力开展教师家访活动，大力推进以学校班子勤政廉政、教师廉洁从教为重点的廉政教育。六是教师培训

提升与党建实践活动有机融合，组织实施了党建大教研、“1+N”阅读等主题活动。

心向往之，行必能至。人民对优质教育的需求就是圣城中学的奋斗目标，真正的教育是用一棵树去摇动另一棵树，用一朵云去推动另一朵云，用一个灵魂去唤醒另一个灵魂。圣城中学将循着圣贤的足迹，朝着梦想的方向努力生长，一往无前，一路辉煌，一路阳光。

学习中华优秀传统文化　做现代贤德之人

寿光市圣城小学

山东是孔孟之乡，自古以来就是礼仪之邦，古圣先贤的思想对学校影响深远。寿光因有文圣仓颉、农圣贾思勰和盐圣夙沙氏而被称为“三圣之城”。圣城小学紧邻占地350亩的“仓圣公园”，为学校实现“小学校做大课程、小学校做大教育”提供了得天独厚的条件。面对新的发展契机，圣城小学组织精英团队反复研讨、深入挖掘学校内涵，在传承学校优秀传统的基础上进行创新，确立了打造“圣贤教育”的基点和愿景，即以中华优秀传统文化为主题，打造特色鲜明的校园文化，构建以精神文化为核心、以课程文化为载体、以环境文化为重点、以行为文化为主线的学校文化体系，在优秀文化精神的滋养下不断提升师生的综合素养，最终达到“以文化人”“立德树人”的目的。

一、重在引领精神文化

校训、校风和校徽是最能反映全校师生员工共同思想意识、价值观念和生活信念的文化载体，学校也十分注重对渗透中华优秀传统文化精髓的校园精神进行提炼。学校充分征求学生、家长、老师的意见和建议，在传承学校优秀传统理念的基础上，制定了《圣城小学学校章程》和《圣城小学三年发展规划》，设计了学校校徽，确定了“平等和谐、教学相长”的核心理念，确立了校训“每天做更好的自己”、校风“诚信明礼、博学笃行”、教风“平等和谐、教学相长”和学风“在自主合作中快乐学习”，树立了“师生共同成长的和谐幸福家园”的学校发展愿景。

校园内的两座教学楼，过去都以方位命名——教学东楼、西楼，在确立了学校“圣贤教育”的顶层设计后，这两座楼分别命名为“至圣楼”“至贤楼”，寓意为莘莘学子在这里向至圣先贤学习，在校园中修身、立学。

学校精神文化的形成，建立了师生自身的行为准则、价值取向和规范体系，带动了学生的行为，使其在潜移默化中接受共同的思想引导和人格塑造，进而产生巨大的向心力和凝聚力。这不仅影响着学生个体的言行举止，而且从深层影响着全校师生的理想、信念、意志等，对于形成开拓进取、团结有序的育人环境起到了重要的作用。

二、重在参与课程文化

课程是育人的载体，课程是落实立德树人根本任务的主要途径。构建适合孩子全面发展的课程文化，让孩子们在参与课程中健康成长，是学校的不懈追求。

一是经典文化浸润心灵。所有学生全部参与阅读经典课程，以“读圣贤经典书，学做圣贤人”为主题，组织本校教师编写了《经典浸润心灵》（低、中、高）系列校本教材。低年级以《弟子规》《孝经》节选、古诗词为主；中年级以《大学》全文、《孟子》节选、古诗词为主；高年级以《中庸》全文、《论语》节选、古诗词为主。三本系列校本教材都加入“圣城小学行为习惯三字经”、晨起自勉文、小古文、寿光三圣文化等内容。学校常年坚持晨诵、午读、晚分享。学生到校后，利用15分钟晨诵，先诵读“晨起自勉文”，然后根据年级特点诵读有关经典篇目，每周拿出一个早上进行微分享，微分享可以是故事、新闻、新鲜事等。下午学生入校后，利用10～15分钟午读，主要诵读语文主题阅读丛书。晚上进行晚分享，学生回家和家长进行亲子共读，分享读书快乐，让学生在阅读中感悟中华优秀传统文化，立志做贤德之人。学校经典诵读节目《穿越唐宋》曾登上北京的舞台；2021年，学校编排的古装课本剧《草船借箭》参加全省中小学戏剧展演，获得二等奖；具有浓郁民族特色的歌伴舞《映山红》，被山东电视台少儿频道选中，参加山东省元旦春晚。

二是主题实践课程体验真知。学校坚持以社会主义核心价值观为指导，以弘扬民族精神为宗旨，注重传承和发扬中华优秀传统文化，用多元化的活动奏响爱国主义教育主旋律。凭借“传统节庆日”“重大事件纪念日”等德育教育实施载体，充分利用开学典礼、毕业典礼、升旗仪式、入团仪式、主题班队会等教育活动，引导学生不断增强国家意识、民族意识，塑造良好的道德品格，将美德教育、国情教育、时事教育、政策教育、理想教育、责任教育、榜样教育等落到实处。

以“少先队”和“小记者”为活动载体，以主题性德育实践活动为主要途径，让学生在体验中感悟，在感悟中成长。以系列主题实践、体验活动为龙头，引导学生通过自己的实践和思考，去体味人生、增强责任、坚定信念、培养美德，把学生培养成能适应社会发展的人。深入开展“寻三圣足迹，做圣贤之人”主题性实践课程，以小记者社会活动的方式，以“带着眼睛上路”为题，8年时间，涌现12500篇稿件和学生活动成果……省级规划课题《主题性社会实践活动在德育工作中的有效研究》顺利结题，其成果获寿光市教育教学成果奖；《主题性社会实践活动——圣城小学小记者在行动》获潍坊市育人课程一等奖；《寿光日报》《潍坊日报》《潍坊晚报》《山东教育报》等多家新闻媒体先后关注，分别从不同角度宣传报道。

三是“圣贤”主题课程提升修养。学校高度重视弘扬中华优秀传统文化，每日坚持经典诵读，每天坚持餐前感恩，每周升旗仪式的主题都围绕德育及中华优秀传统文化展开。自 2016 年 9 月始，学校面向社区公益开办圣贤学堂，至今已举办 76 期，有 15000 多人次的学生、家长、教师和社区人士来校读经典书、分享读书心得。每年母亲节，学校都组织大型感恩活动；每年艺术节，都设有学生经典展示专场。2024 年 3 月 18 日，全国首届百城万人“读中国”活动在学校成功举办。

三、重在打造环境文化

圣城小学结合“圣贤教育”的顶层设计，将中华优秀传统文化与社会主义核心价值观相结合，将中华优秀传统文化中有关“圣贤教育”的精华核心元素外化在学校形象设计中，精心设计了校园文化建设方案，本着“让每一面墙壁都说话，每一个角落都育人”的理念，努力加强校园文化建设，营造浓厚的育人氛围，达到环境育人的目的。

学校主楼打造“与礼同行”的主题文化，让“美行成习”成为校园的风尚，使孩子们随时受到中华传统美德教育的熏陶，在潜移默化中达到育人的效果。一楼以孔子为主，结合《论语》中的经典名句，阐述“仁义礼信”等儒学思想；二楼将学校精神文化与中华优秀传统文化相结合，突出校徽、校训、校风等；三楼以孟子为主，突出《孟子》“仁”“孝”理念；四楼将中华优秀传统文化与寿光本地圣贤相结合，讲述“寿光三圣”（文圣仓颉、农圣贾思勰、盐圣夙沙氏）事迹，以图文并茂的形式为学生展现一些古代圣贤小故事。

同时，为了体现中华优秀传统文化中以“以人为本”的育人理念，在环境文化的设计中，学校努力让学生“站在学校的中央”。学校楼顶的校名、校训大字，由学生自主设计，自己书写，学校再制作成发光大字镶嵌在楼顶，让学生充分感受到自己真正是学校的主人。教学楼西68米的社会主义核心价值观主题墙的绘画作品由学生自主书绘完成。例如，六年级五班王淑瑞对“和谐”用歌谣的形式解读：为了小家为大家，你有事情我来帮。和谐相处暖人心，文明友善健又康……

社会主义核心价值观与“寿光三圣”思想以及学校的精神文化在这里充分融合，处处渗透着“仁义礼信孝”等儒学思想，让孩子通晓礼仪规范、懂礼行礼、践礼并传播礼，让“圣贤文化”成为校园的风尚，让师生时刻置身于充满中华优秀传统文化韵味的校园环境里，润物细无声地接受熏陶。

四、重在强化行为文化

选取突破口，从小处入手。寻找最能体现中华优秀传统文化行为的代表因素，展开由易到难的实践，经过化难为易，化抽象为具体，把看似遥远的中华优秀传统文化用感同身受的践行活动来诠释，从师生、家长变化中，学校感受到了圣贤教育教化育人的无穷魅力。

学校组织师生清晨诵读《弟子规》，并定期组织开展交流分享活动，引导学生身体力行。例如，每天睡觉前整理衣物时，背诵“置衣冠，有定位，勿乱顿，致污秽”；每读完一本书放到原处时就背诵“列典籍，有定处，读看毕，还原处”；面对个别学生攀比、穿名牌衣服的苗头，就召开班会，背诵理解“衣贵洁，不贵华，上循分，下称家”。这样，教师、家长和学生一起把《弟子规》中的精华内容落实到生活中，把对中华优秀传统文化教人做人、做事的领悟贯穿于生活实际中。

为将行为文化引向深入，学校组织骨干老师到德州市乐陵实验小学学习，同时借鉴寿光世纪教育集团的“习惯养成教育”特色经验，着力抓好学生的习惯养成，实施“三 jing（净静敬）”教育。一“净”——

语言干净、行为干净、环境干净、衣物洁净、餐盘干净。学生说文明话、做文明事，主动捡拾垃圾成为学生自觉的习惯。二“静”——安静、静心。学生就餐时静悄悄，偌大的餐厅无人说话，做到“食无语”；学生在教学楼内轻声慢步，做到“入校即静、入室即学”。三“敬”——尊敬、恭敬、孝敬。学生见到老师会鞠躬行礼，学校开展系列感恩教育活动，把中华优秀传统文化的学习和继承用看得见的行为做出来，通过师生行动，慢慢扩散到家长，进而影响到周边。

为了强化行为文化效果，学校在每学期第一个月开展“习惯养成月”和“十星闪耀”评选活动，制定活动方案，班级、年级、学校评价结合，发现身边的榜样典型，寻找身边的闪光点，月末进行隆重表彰，逐步引导学生养成良好的习惯，做文明有礼的现代圣贤少年。近三年来，学校先后涌现出 48 名市级文明少年、9 名新时代好少年。其中，李宜尘同学代表寿光少先队员参加了中国少年先锋队山东省第九次代表大会。

多年来，学校坚持圣贤教育，弘扬中华优秀传统文化，实现了师生共同成长，收到显著成效。

一是学生成长了。学生们的自信心、学习兴趣明显增强，综合素质显著提升。连续三年来，在寿光市小学生写字、说思维、口语演讲、科学探究、综合实践活动展示等六大类素养展示中，圣城小学均获总评一等奖，均获优秀组织单位。在寿光市教科研中心组织的小学语文写字、阅读等素养展示中，圣城小学的 40 名学生被市教育局评为“十百千”阅读书香少年。学校自编的节目《穿越唐宋》在中央电视台演出，《映山红》在山东电视台演出。还有一些学生走出校园采访市委书记，与曹文轩、杨红缨等名家面对面交流，采访人大代表，向政协委员提建议，关注社会热点问题。

二是教师发展了。教师团队的课程意识和研究精神明显提升，学校涌现出一大批成“家”的教师。分管德育的李政校长先后在北京、青岛等全国性会议上分享学校的德育课程和圣贤教育。分管教学的张海艳校长带领教师53人次以专家或名师的身份到省外做报告或讲课。有17位老师在全国性研讨会上出示公开课并获一、二等奖，有24名教师获“潍坊市立德树人标兵”。

三是学校知名了。学校先后7次在全国性的研讨会上做典型发言，有50多个省内外教育考察团慕名来校观摩学习。学校获得“全国中华优秀传统文化教育基地学校”“全国校本德育创新联盟基地学校”“山东省家庭教育示范基地学校”等称号。

依托“三场”土壤　培育文化之根

寿光市孙家集街道胡营小学

寿光市孙家集街道胡营小学以“三场”建设为载体，传承中华优秀传统文化，让学生受到中华优秀传统文化的熏陶，增强对中华优秀传统文化的认同感，积极参与中华优秀传统文化的学习，主动投身中华优秀传统文化的实践，将文化自信根植于学生的言行举止中。

一、打造“文化场”，让学生在环境浸润中寻根

学校作为教育的主阵地，更多的是搭建桥梁，让学生感知中华优秀传统文化的魅力，帮助学生自然而然地寻根。

（一）中华优秀传统文化立根基

胡营小学深入开展“上德教育”，突出环境育人，教学楼外墙顶部设置了“秉中华美德　尊圣贤教诲　行弟子之规”标语，教学楼门口上方设置了“传承古经典，修身齐圣贤”标语，教学楼的外墙下是《弟子规》全文，整座教学楼外观的文化元素相互呼应，相得益彰。门厅东面是《弟子规》语句展示，西面为与“上德文化”密切相关的三风一训，横梁上是醒目的“校园浸润弟子规，涵养师生品与行”“上德教育让乡村孩子插上腾飞的翅膀”两句格言，充分体现了学校崇德修身、知礼明德的文化特色。

（二）楼层文化创氛围

教学楼每层体现一个文化主题。一楼以“习惯决定命运”为主题，

北墙张贴着小学生应该养成的十二个良好习惯的牌匾，朗朗上口的儿歌不仅读起来生动有趣，也有利于低年级孩子记忆背诵，让学生在潜移默化中养成了好习惯。二楼以“美德彰显素养”为主题，北面以“孝仁忠信、礼志廉耻、勤俭恒省”这十二种小学生应具备的传统美德为主，句句传统文化名言紧扣特色，时刻提醒着学生要有良好的品德。三楼以“阅读成就梦想”为主题，北墙悬挂了内容丰富、版面典雅的宣传板，通过介绍古人圣贤爱读书的小故事，进一步渲染快乐读书的氛围。四楼以“创新引领未来”为主题，介绍了世界著名的、影响孩子一生的科学家的生平及他们的故事，是对学生进行科技环保、创新实践教育的阵地。

（三）班级文化显特色

除了各具特色的楼层文化之外，精心设计的弟子规班牌也是学校的一大亮点。一年级为孝悌班，二年级为谨信班，三年级为爱众班，四年级为亲仁班，五年级为力行班，六年级为学文班。从楼梯到门牌，从走廊到班级处处都能看到“上德文化”特色的痕迹，师生时刻沉浸在浓浓的文化氛围中，对学生的习惯培养起到了“润物细无声”的效果。

二、打造“学习场”，让学生在课程构建中扎根

课程是学生学习中华优秀传统文化最集中、最规范、最有成效的学习场。为此，学校在多年实施中华优秀传统文化教育——“上德教育”的基础上，根据学生发展的需求，从“国文、国艺、国礼”三个维度入手，从传统礼仪、道德涵养、文学积淀、言语表达、思维发展等多角度提升学生的国学素养，形成了具有校本特色的“三维”国学课程新模式。

（一）国文——提升语言积累与沟通表达

国文主要是以古诗文和校本教材为主，在诵读国文中渗透文明礼仪教育、道德品质教育和行为习惯教育，通过经典诵读，积累经典语言，促进言语的表达。

不同学段诵读不同的经典内容。低年级诵读《弟子规》《三字经》，中年级诵读《笠翁对韵》《大学》，高年级诵读《孝经》《朱子治家格言》。在每周的周一、周三、周五的早读时间，学校各班统一进行经典诵读。同时，通过“诗词课本剧”“经典咏流传”等综合实践活动，让学生对平时诵读的经典诗词进行挑选与整合，然后融入吟唱、融入舞蹈、融入歌曲，到舞台上表演，让每一个孩子在舞台上与经典相约，在表演中进一步感受经典的美，从而提升自身的素养。

（二）国艺——提高艺术涵养与美感素养

国艺修习与学校社团活动相结合。学校充分挖掘美术、音乐、书法教材中的国学元素，让美术、音乐、书法等与国学融合，寻找切合的艺术主题，根据学生的喜好和需求，开设了书法、国画、剪纸、快板等社团，供学生自主选择。通过“书画大赛”“艺术节”“科技节”等多种综合实践活动，让学生展现个性，提升艺术的修养。

（三）国礼——注重礼仪文化和道德实践

借助传统文化“七节八日”和德育主题活动，鼓励学生们“日行一善”，在教育实践活动中修身养德。学校以传统节日和各类纪念日为教育主题，充分挖掘传统节日蕴含的教育资源，对学生进行节日教育，弘扬传承节日文化，培育学生的民族情怀，培养学生做一个有中国心、民族魂的新时代好少年。挖掘道德与法治、地方课、综合实践课教材中的国学元素，通过各科与国学的融合，寻找国学拓展点，让学生在学与做中知礼明仪，继承中华优秀传统文化中的美德美行。

三、打造“实践场”，让学生在活动体验中生根

学校为每个学生提供中华优秀传统文化实践阵地，让学生在参与、感受、经历和创造中接受熏陶濡染。

（一）习惯养成教育活动

学校在每个月确立了不同的养成教育主题，如三月为“文明月”，四月为“诚信月”，五月为“劳动月”等，利用晨会、班队活动等契机，积极开展道德教育和品行教育。例如，每年三月定为“学雷锋，文明月”，对学生进行文明礼仪教育；每年九月为“规范月”，开展“学守则，懂规范”主题签名、“常规大比武”等活动。

（二）传统文化“七节八日”活动

“七节”指的是中国传统节日——春节、元宵节、清明节、端午节、乞巧节、中秋节、重阳节。学校将传统节日作为对学生进行思想道德教育的重要载体，以“过好传统节日，培育民族情怀”为节日教育主题，充分挖掘传统节日蕴含的教育养分，对学生进行节日教育，弘扬传承节日文化，培育学生的民族情怀，培养学生做一个有中国心、民族魂的新时代好少年。“八日”指的是八个国家重大纪念日——学雷锋纪念日、五一劳动节、六一儿童节、七一建党纪念日、教师节、烈士纪念日、国庆节、国家公祭日。学校以各类纪念日为教育主题，培养学生热爱中国共产党、热爱祖国、热爱人民的深厚感情。

（三）丰富多彩的社团活动

学校充分利用高素质的师资队伍，由体、音、美专职教师和具有专业素养的特长教师组建辅导团队，在每周三的课后服务时间开展社团活动课程。为了提升学生的健康体质，开设了排球、乒乓球课程；为了提升学生的艺术素养，开设了美术、舞蹈课程；为了提升学生的文化素养，开设了阅读、书法、播音主持课程。学生可根据自身的兴趣爱好参

加个性化的社团活动，多元化的活动课程不仅提升了学生的综合素质，也让每位孩子在课后服务中体验快乐，收获成长。

（四）红色主题爱国活动

学校因地制宜，以陈少敏纪念馆、青少年宫为校外德育实践基地，开启了一系列红色德育实践活动。学校定期开展党员教师讲党史活动，让学生接受革命传统教育。每年建党节、国庆节等，学校组织开展“永远跟党走”“唱响国歌”“祖国在我心中”等主题活动，激励学生爱党爱国、爱社会主义的情感；春节、端午、重阳、中秋等传统节日，学校组织学生开展写春联、包水饺、包粽子等实践活动，让学生接受中华优秀传统文化教育。

古色古香的校园环境、扎实有效的国学课程、丰富多彩的实践活动，让中华优秀传统文化成为学校师生发现美、感受美和创造美的原点，让中华优秀传统文化逐渐在师生心底生根。

以“和”修身 以“新”格物

寿光市古城街道北洛小学

从韵律优美的《诗经》，到儒家的仁爱、礼让，又到道家的自然、无为，再到墨家的兼爱、非攻，这些思想理念如同一股股清泉，滋养着我们的心田，塑造着我们的民族性格。在教书育人中，中华优秀传统文化扮演着不可或缺的角色。它不仅是道德教育的宝库，蕴含着为人处世的美德，为学生提供行为准则，也是智慧启迪的源泉，能在学生学习理解中华优秀传统文化的过程中，不断拓宽学生视野，提升学生个人素养。

北洛小学是一所农村学校，1989 年建校，2015 年旧址新建，现有 25 个教学班，学生 1070 人，教师 62 人，潍坊市级荣誉 8 人，寿光市级及以上教学能手 29 人。学校位于寿光城区东北郊，属于城乡接合部，人口呈现出多元性、流动性，外来务工子女占近三分之一，学校生源结构复杂，发展很不均衡。

2016 年开始，学校主动将中华优秀传统文化教育引入、贯穿于学生成长的全过程，以打造“和新”文化为主要手段，专门成立了课程规划团队、课程实施团队、课程评价团队，构建全员育人、全程育人、全方位育人的“和新”课程德育校本体系。在多年的教育实践中，学校通过经典诵读、传统节日庆祝、传统文化课程与社团以及家校合作等多种方式，让学生亲身体验中华优秀传统文化的魅力，深入理解其内涵，从而培养文化认同感和自信心，为其成为具有高尚品德和深厚文化底蕴的时代新人奠定坚实基础。

一、打造“和新”文化体系，熏陶人

中华优秀传统文化博大精深，我们从中提炼出了“和新”文化。“和”主要包含和平、和睦、和而不同、和气致祥等，倡导君子品格，思想纯正，向真向善，倾向于人文和格物。“新”主要指创新、发现、改变、进步、生生谓易，倡导创新意识，自强精神，向上向前，倾向于科学和格物。

北洛小学精心设计创作了“和和”“新新”两个卡通形象作为校园吉祥物。“和和”是中华优秀传统文化的传承者，“新新”是中华优秀传统文化的发展者。

北洛小学集思广益确立了学校的三风一训。校风：思无邪。教风：诲不倦。学风：学不厌。校训：崇真向善。此外，学校还创作了校歌——《和新歌》，歌词引经据典，突显了学校的教育宗旨；设计了代表建校时间和美好愿景的校徽——成长；确定了学校的办学理念——以和修身、以新格物。

2017 年，学校举行了隆重的孔子圣像揭幕仪式，从此，孔子圣像落户“和新广场”。同时，中国孔子基金会授予“孔子学堂”（1106 号）牌匾，学校建设了高标准的孔子学堂，并一直深入开展“写好字，读好书，做好人”教育实践活动。积极推进中华优秀传统文化进校园，努力打造中华优秀传统文化教育特色名校，在楼道、楼梯、墙壁等处，展示传统美德小故事，还有随处可见的国学经典名句，让中华优秀传统文化在学校生根，让国学教育浸润孩子的心灵。

二、构建“和新”课程体系，塑造人

打造特色精品课堂，体悟先贤思想智慧。学校遵循学生成长规律，注重课程体系的开发与建设，整合多方资源，构建起了“和新”课程体系，将中华优秀传统文化教育与学科教育深入融入，通过诵读、解析经典，让学生感受经典文化的智慧内涵，领悟其中的哲理与情感，从而培养对中华优秀传统文化的热爱与敬畏。例如，雅韵语文课堂，将《三字经》《弟子规》《论语》《诗经》《楚辞》、唐诗宋词等经典文学作品纳入语文课堂，组织书法展览、诗词朗诵比赛、古诗词鉴赏会、情景剧表演等活动，让学生与古代先贤对话，听取古代圣贤的教诲；趣味数学课堂，在讲解数学知识时，融入传统节日的灯笼、窗花等图案，讲解对称、旋转等数学概念，引用古代数学名著《孙子算经》中“鸡兔同笼”等经典问题，讲述祖冲之与圆周率的历史故事等，引导学生思考解决问题，感受古代数学智慧。

开展经典诵读活动，感受文化古韵之美。学校建立了常态化经典诵读制度，以年级为单位，组织学生每天晨、午读《论语》《弟子规》的传统文化经典 30 分钟，每天两次，每月一篇，一月一评比。学生六年级毕业时，都能熟背《弟子规》，熟读《论语》并背诵其中的经典名句。学校还成立经典诵读班，每天诵读一小时，诵读内容有《论语》《大学》《中庸》《孝经》及古诗词等，每年的学校孔子文化艺术节，诵读班学生都要进行诵读经典展演活动。同时，学校还组织教师精选 360 首诗词，编写了校本教材《古诗文读本》，由易到难，分年级、分学期确立了诵读内容，每学期推荐背诵三十首。“求木之长者，必固其根本；欲流之远者，必浚其泉源。”学校扎实开展经典诵读活动，就是要让孩子们在心灵最纯净、记忆力最佳的黄金时期，多接触最具有智慧和价值的经典，对帮助学生从小养成良好的阅读习惯和学习习惯，做到知行合一，具有重要的作用。

丰富传统主题实践，争当文化传承践行者。节日文化是中华民族传统文化的重要组成部分，学校利用传统节日，对孩子进行文明礼仪、传统美德和感恩励志的教育，让学生在丰富多彩的中华优秀传统文化主题实践活动中，亲身体验和了解节日的由来、习俗、传说等，深刻感受到中华优秀传统文化的魅力和价值，从而增强对民族文化的认同感和自豪感，并在日常生活中践行和弘扬中华优秀传统文化精神。例如，在春节、元宵节来临之际，学校举行“我的中国梦——我们的欢乐年”活动，组织学生在春节期间开展“我为家里写春联”，并在开学第一节班会上让学生展示自己收集或是编写的春联；在重阳节，开展“学会感恩　奉献温暖”美德实践活动，让学生记录父母的生日和年龄，为辛劳的父母洗一次脚，敲一次背，擦一次皮鞋，道一声“爸妈辛苦了”；清明节前，学校组织学生前往烈士陵园或革命历史遗址开展祭扫、缅怀活动。学生们通过这些活动缅怀革命先烈，寄托哀思，表达对先烈的敬仰和感激之情，活动有效激发了学生的爱国热情和民族自豪感，并引导学生向革命先烈学习，珍惜来之不易的幸福生活……同时，学校每年举办“孔子艺术节”，学生身着传统华服，体验古代礼仪，增强了文化自信。此外，学校举办“书法展览”，让学生亲手书写对联、古诗，感受笔墨间的文化韵味。这些实践活动不仅丰富了校园文化生活，更让中华优秀传统文化的内涵在青少年内心中生根发芽、行为上发展传承。

二、建立“和新”评价体系，激励人

孩子是一粒种子，是一棵幼苗，需要在良好的家庭生态中汲取能量，而最好的教育就是父母的言传身教，为此，学校建立了校、家互评共育机制。学校根据德育工作计划，把每学期学生在校时间划分为四个阶段，分别从“礼”（3 月和 9 月）、“孝”（4 月和 10 月）、“信”（5 月和 11 月）、“智”（6 月和 12 月）四个方面，确立了四个教育主题。月初，由班主任将《主题月致家长的一封信》发放到家长手中，内容包括

诵读经典文章、默写名句名言、讲传统文化故事等任务，以及学生在校的日常表现（突出该月主题）；月末，家长对学生的任务完成情况和表现进行评价，并将评价表交回班主任，家校携手，加强对学生的思想、行为的引领，促进孩子传统美德（懂礼守纪、孝亲尊师、诚实守信、学而不厌）的养成教育。

为积极引导学生养成良好的学习习惯和行为习惯，形成向真向善、向上向前的人生观、价值观，学校制定了“六星”评价办法，学生按要求完成班级规定的学习目标、“文明”作业、“礼仪”要求等，便可获得相应的星卡。集齐六星卡的同学，可以手持学校制作的精美六星卡和“和新”胸卡，由班主任老师帮学生在校园里拍张照片，照片放入学校一楼大厅“和新”星团版面，并在学校微信公众号平台展示。

为展示学校立德树人、严谨笃学、勤奋向上的精神风貌，促进家校互动共育，学校开办了“和新讲坛”，定期组织优秀教师和中华优秀传统文化的专家、名师进校园，与老师、家长分享自己的育人经验，鼓励共同学习《父母规》《弟子规》等中华优秀传统文化经典，引导家长要注重言传身教，为学生健康成长成才提供良好的家庭教育平台，目前“和新讲坛”已举办 20 期。

古城街道北洛小学已经成为弘扬传承中华优秀传统文化的忠实践行者。多年来，北洛小学通过开设具有学校特色的中华优秀传统文化育人课程体系，多渠道、多举措实行知、行、评系列活动，既传承了中华优秀传统文化，提升了师生人文素养，又让孩子们感受到了源远流长的民族精神，开发了他们的心智，培养了他们的自信心。

学校的影响力逐步扩大，社会知名度得到了提升。学校先后被评为寿光市优秀传统文化特色品牌学校、寿光市“十百千”优秀阅读学校、教书育人先进单位、寿光市学生素质培养先进单位、教书育人先进单位等。学校的“以和修身、以新格物”课程体系获潍坊市好课程三等奖；《传承以和修身　发展以新格物》教育体系被教育部国家教育行政学院评为教育管理实践优秀成果一等奖。此外，北洛小学也被光明教育家书院传统文化教育研究院确立为“中华优秀传统文化教育基地学校”。

第三章

孝德传家

孔子的孝道教育及其启示

隋慧成

常言道："国无德不兴，人无德不立，业无德不成。"对于国家、人生和事业来说，德性是至关重要的。党的二十大报告指出，全面贯彻党的教育方针，落实立德树人根本任务。虽然党和国家高度重视德育工作，但现实教育中轻"德"重"智"的倾向依然存在。即使一些学校和家庭的认识和理解比较到位，行动和效果也并不尽如人意，所得非所愿。问题出在哪里？问题就在于没有找到育人的精准切入点和根本点，没有抓住德育的支撑点和牛鼻子。因此，每个教育者与受教育者都应该反思德育中的现实问题，同时要抓住新时代德育的主旋律和风向标，顺势而为，与时偕行，共同思考如何圆满地完成立德树人的根本任务。

教育，从广义上来说，是指一切教育方式和活动，包括学校教育、社会教育、社区教育、家庭教育和自我教育。本文论及的教育侧重学校教育、家庭教育和自我教育，其重点是上述教育形式中的德育及其根本、次第和迁移。因此，文中的教育与一般的教育在概念内涵、内容方法和价值取向上存在着本质的不同。具体而言，这里的"教"是指上所施，下所效也，以七教兴民德；这里的"育"是指使人作善也，使人继志也；这里的"学"是指效也，觉也，养正也，是"尊德性而道问学"，并不是单纯的句读之学、记问之学。这里的教育价值指向成长、成德、成人，其手段和目的是"以文会友，以友辅仁""进德修业，文质彬彬"。这里的教育思想和方法重在身教重于言教、教学相长、因材施教、先行后文、知行合一、下学上达等。这里的教育案例是典型的德育实例。因此，这里的教育不只是知性教育，而是德性、德行教育。所以，这里的教育主体和客体是统一的，既是教育者也是受教育者。

要将立德树人根本任务落到实处、细处、根基处，真正实现习近平总书记提出的“为党育人、为国育才”的要求，就要思考两大问题：一是立什么德、从何德立起以及如何践行此德；二是树什么人以及怎么样树人。本文重点讨论第一个问题。

立什么德的问题是德育工作的首要问题。所谓德，可包括公德、私德、大德、明德、美德、职业道德等。当下，一要树立新时代中国特色社会主义核心价值观所包含的品德，特别是个人层面的要求，即爱国、敬业、诚信和友善。二要树立中华民族亘古不变的传统美德，传统美德有很多说法，大家比较公认的是“四维八德”：“四维”即礼、义、廉、耻；“八德”即忠、孝、仁、爱、信、义、和、平。“四维”是道德的纲领，“八德”是细目。古人云：“四维不张，国乃灭亡。”

中华传统美德如此之多，应当从什么德目树立起来？孔子在《论语》中明确指出：“孝悌也者，其为仁之本与。”《孝经》进一步确认了“孝为德之本”。由此说明，孝悌是仁德的根本。俗话说，百善孝为先。由此可见，私德应该从“孝”开始。如此，也就实现了“本立而道生”的理念。《大学》也指出：“物有本末，事有始终，知其先后，则近道矣。”唐朝魏征进一步阐述说：“求木之长者，必固其根本；欲流之远者，必浚其泉源；思国之安者，必积其德义。”孔子在《论语》中举证阐述：“事父母能竭其力……虽曰未学，吾必谓之学矣。”这说明对父母行孝即学习，好学即好德。他还举例说明了孝、悌、信、爱、仁五德之间的延伸链条以及行孝与学文的先后关系。他说：“弟子，入则孝，出则悌，谨而信，泛爱众，而亲仁；行有余力，则以学文。”综上说明，孔子的育人找到了德育的出发点和根本点，培根铸魂的教育就有了明确的理想和信念：人生以修身为本，修身以孝为本，以孝为先。

孔子在确立了“孝”是立德的根本、始点、先后等内在逻辑的基础上，紧接着就是一个人如何尽孝的问题。一个人如何行孝才可以称为尽孝圆满——至真、至善、至美。首先要知道孝是什么。孝的本义是“善事父母者”，即“孝”是人子对父母、晚辈对长辈要尽孝道。其中，“善”是指侍奉父母的最佳方式方法、情感态度和价值定位。知孝方可行孝，方可知行合一。通过研究相关文献和案例得知，孔子孝道教育的内涵不仅仅是孝敬父母、尊敬长辈那么简单，它的内涵和外延一般包含以下七个方面：敬爱父母、敬爱兄长、生育子孙、爱惜身体、光宗耀祖、效忠国家和祭祀祖先。例如，爱惜身体，正如《孝经》所说：“身体发肤，受之父母，不敢毁伤，孝之始也。”再如光宗耀祖，正如孔子在《论语》中指出“宗族称孝焉，乡党称弟焉；君子疾没世而名不称焉”，也正像《孝经》所说“立身行道，扬名于后世，以显父母，孝之终也”。为人父母都有“望子成龙，望女成凤”的美好愿望。

笃行孝道，可分为“两大阶段”和“六个层次”。“两大阶段”是指父母的生前与死后。做到“生，事之以礼；死，葬之以礼，祭之以礼”“生则亲安之，祭则鬼享之”。这样就能达到“慎终追远，民德归厚”以及“天下和平，灾害不生，祸乱不作”。“六个层次”包括养其身、悦其心、礼其丧、继其志、传其道、还其债。这六个层面，一个人只有全部做到了，才是一个真正的孝子。所以用此标准衡量一下自己，才能知道自己在行孝方面，欠得太多，差得很远。

明确了孝道的内容、内涵及尽孝路径后，在其弟子力行孝道方面，孔子为我们树立了许多典范，如闵子骞、子路、曾参等。大家最熟悉的可能就是二十四孝之一的闵子骞。孔子称赞其说：“孝哉，闵子骞！人不闻于父母昆弟之言。”再如曾参不仅善养父志，而且提倡慎终追远，流传千秋。这也正应验了《论语》所言：“父在，观其志；父没，观其行。三年无改于父之道，可谓孝矣。”老话说：“一日为师，终身为父。”孔子去世后，他的得意门生子贡在庐墓处为老师守孝六年，令世人瞩目，后世敬仰。这些案例都让我们深受启发和教益。

孔子不仅倡导孝道，而且善于讲授孝道。《论语》中有许多人向孔子问孝，他没有提供标准答案，而是因材施教。同一弟子在不同时空下问孝，他的回答也不相同。最明显的例子是《论语·为政》中的第五、六、七、八章，都是时人向孔子问孝，他却给出了不同的答案。孟懿子问孝，夫子答曰“无违”；孟武伯问孝，夫子答曰“忧疾”；子游问孝，夫子答曰“养且敬”；子夏问孝，夫子答曰“色难”。由此看出，孔子的孝道教育体现了因人而教的个性化教学策略。这样的教学很好地利用了弟子的差异性资源，这样的教学才有针对性和有效性，才是值得我们借鉴和学习的高明教法，才是教育者应该坚守的正道、王道。

孝道是中华民族的优良传统，古代教育高度重视孝德教育，并将其作为教育的首要课程与目标。孔子以“文行忠信”教导学生，而且德行排在第一位，第一位的根与魂则是孝道、孝心和孝行。进入新时代，立德树人的根本任务应当怎么践行？孔子的孝道教育对我们有何启示？当前，孝道教育同样重要。我们育人要以孝为主题，构建德育体系，将学校教育、家庭教育和自我教育三者有机结合起来，一以贯之，才能把孝道教育做得更加系统、完美、有成效。

国家新课程方案倡导培育学生的核心素养。核心素养包括三个维度：正确价值观、必备品格和关键能力。“孝”自然而然地成为人的必备品格及先决要素。《孝经》指出：“夫孝，德之本也，教之所由生也。”而且孝也会使“教之所由兴”，也可使“教之所由废”。只有明此三者，才是行之有效的教育教学。古人云："教民亲爱，莫善于孝。""孝"是教化民众的最佳途径。我们应该对"孝"的价值和意义有深刻的认识和高度的重视。只有认识到位，措施得力，才能出现孟子所期望的："谨庠序之教，申之以孝悌之义，颁白者不负戴于道路矣。"

作为教师，要树立德育为本观念，系统探索德性教育的有效策略和路径。"孝"的教育首先是身教，教师要以身示范，做孝敬父母的典范，古人云："师者，人之模范也。"孔子说："其身正，不令而行。"除身教外，教师也要开展以"孝"为主题的言教和行教，结合学科教学内容或主题，深入挖掘学科德目，建立学科德育的质性评价指标和机制，真正落实好育人为本、德育为先的要求，寓德育于教学之中。班主任既可以进行孝的主题讲授、演讲活动，也可以安排孝的主题实践活动等。

作为学生，要以成人为终极追求，明白家和万事兴的道理。何以致家和？致家和，关键在孝悌。要谨记"圣人训"并笃行之。"圣人训"就是"首孝悌，次谨信，泛爱众，而亲仁；有余力，则学文"。这里的圣人就是孔子，此训出自《论语·学而》。"弟子，入则孝，出则悌，谨而信，泛爱众，而亲仁；行有余力，则以学文。"同时，行孝要量力而行，小学生要学好《弟子规》和《三字经》中的相关正确内容，做好"六行"——洒、扫、应、对、进、退。中学生要学习《论语》和《孝经》中有关孝道的行为规范要求，敬爱父母、尊敬师长、友爱同学，形成尊道贵德、合群合作的良好风尚。中小学生都要践行社会主义核心价值观中关于个人层面的要求，做到热爱国家、亲师信道、敬重学业、诚实守信、善待同学。

古代有"明王以孝治天下，求忠臣必于孝子之门"的说法。汉文帝坚持侍奉卧病三年的母亲，不怨不艾，难能可贵，是一个真孝子。他以身作则，为国人树立了孝亲标杆，可谓是最孝顺的皇帝，而且他还首开代表国家向老人行孝的先河，对全国八九十岁以上的老人施行优惠待遇，以仁孝闻名于天下，开创了“文景之治”。中国历代英明君主都高度重视孝文化，大力推行，并为朝廷官员制定了丁忧和夺情制度。现如今，孝道仍具有特别的现实意义和深远意义。国家出台系列养老福利政策和孝亲法度，习近平总书记非常重视家风传承、孝道示范，国家每年评选孝道榜样，寿光市委、市政府在全市提倡推广孝亲饺子宴等，这些都给予我们很大、很多的启示和教益。我们应该以孝为本，以孝为先，以孝修身，以孝齐家，以孝治天下，如此父母长辈方能乐开花，如此方能和睦兴万家，如此方能和平天下。当然，传统的孝道也有不尽合理、合情、合法的观念和要求，如“不孝有三，无后为大”，再如二十四孝中的过度孝行。我们应剔除传统文化中的糟粕，汲取其精华，并将其发扬光大，随着时代变迁，不断注入新内容、新形式。我们要铭记三不朽之首——立德；牢记孔子的教学次第——德行第一；谨记孝道是仁之本。忧孔子之忧：德之不修，学之不讲，闻义不能徙，不善不能改。乐孔颜之乐：饭疏食饮水，曲肱而枕之，乐在其中矣；一箪食，一瓢饮，在陋巷，人不堪其忧，回也不改其乐。以至于抵达最高境界：忧乐合一，乐而忘忧，与众人同乐，与天地同乐。

《孝经》指出：“夫孝，天之经也，地之义也，民之行也。”一个有孝心的人，一定是一个有爱心的人。爱人者，人恒爱之。一个连自己的亲人都不爱的人，遑论爱人、爱国家，遑论被人爱。爱人始于爱亲，亲亲而仁民，仁民而爱物。《尚书·尧典》载：“克明俊德，以亲九族，九族既睦，平章百姓，百姓昭明，协和万邦。”这就是中国传统的情感链：亲情——移情——共情。而实现这一情感链的修养路线图应是：修身——齐家——治国——平天下。只要我们遵循这样的情感链及路线图，同志同行，共同奔赴，培养什么人、怎么样培养人以及为谁培养人的根本问题就能彻底解决，“宗族称孝焉，乡党称弟焉”的美好理想和愿景就能真正实现，立德树人的根本任务就能圆满完成。

传承“孝”文化　力行“德”之效

——“大孝交通”架起孝德连心桥

寿光市交通运输局

“天地交而万物通。”寿光市作为全国最大的蔬菜集散中心，益羊铁路、济青高速公路穿境而过，津潍高铁（寿光段）正在全速建设，小清河全线复航。起到枢纽作用的寿光市交通运输局，不仅在“大交通”建设方面，不断增强人民群众的获得感、幸福感、安全感，更在“大孝交通”建设方面，为干部职工搭起了孝德文化传承的连心桥。

近年来，寿光市交通运输局全面加强中华优秀传统文化的传承和发扬，探索文化阵地建设和中华优秀传统文化活动融合发展，丰富干部职工精神文化生活，推动交通文化“活起来”“火起来”，涌现出交通运输部“最美货车司机”、“山东好人”、省劳动模范、省感动交通年度人物、省交通运输厅“最美出租公交司机”、“潍坊好人”、“寿光好人”、寿光市道德模范等先进典型和楷模 39 人……“以文化人、以文育人”的浓厚氛围在交通运输系统内蔚然成风。

一、有“孝”才会“笑”——以文化人，“孝”净化心灵

孝乃百善之先。在中国，孝德文化源远流长，早在公元前 11 世纪，甲骨文中就出现了“孝”字，那时的人就已经有了“孝”的观念，这是中华文化传承数千年的标志。孔子曰：“夫孝，德之本也，教之所由生

也。”孝是一切道德的根本，也是教化产生的根源。而传统的“孝道”，单从“孝”的字形上看，上面为一老人，下面为一小孩，亦可看为，承老人手行走，是用扶持老人行走之形，以示“孝”。如今，人们将古老的孝德文化赋予新的时代内涵，大力推行“小孝持家、中孝敬业、大孝爱国”的现代孝德孝义。

孝德文化是中华优秀传统文化的重要组成部分，是社会主义核心价值观的重要源泉。为强化传承中华优秀传统文化，2016 年，寿光市交通运输局就着力推进“大孝交通”建设，提出了“建设孝德文化示范机关”的工作目标，从开始制定的“基础在学、关键在做”的交通运输系统中华优秀传统文化推进实施方案，到 2023 年实施的“孝德交通、美德交通”建设十条意见，经过了两任领导班子 8 年多的接续奋斗，干部职工在中华优秀传统文化共建共享中全面提升了幸福感和获得感，全系统敬老爱老意识明显增强，养老助老蔚然成风，家风环境明显改善，孝敬父母、关心老人的习惯逐步养成，干部职工文明素质明显提升。

寿光市交通运输局孝德文化的宣传、孝德活动的开展，为职工与家人、职工与群众等架起了连心桥。为了提升学习效果，局里建立了交通系统中华优秀传统文化交流群。在群内，既有单位在职职工、企业人员、退休老干部，也有干部职工家属，实现了中华优秀传统文化进机关、进企业、进家庭；局里邀请市中华优秀传统文化讲师团建起中华优秀传统文化教育联系点，围绕家风建设、孝道传承、亲子沟通等方面，定期开展中华优秀传统文化知识讲座，引导职工在工作生活中营造和谐氛围，在第一书记包村工作中，主动邀请中华优秀传统文化讲师团到包靠的田柳邢四村开展了中华优秀传统文化教育，很受群众欢迎；充分利用好“中华优秀传统文化每日一学”，成立了交通系统“中华优秀传统文化青年宣讲队”，选拔优秀青年干部职工定期以视频、音频形式诵读传统经典，并通过召开分享会、座谈会的形式，不断提高文化素养。

《孝经》一书提出“孝”为所有德行的根本。孝道是人们最朴实的情感，大多数人努力奋斗无非就是希望父母能够过上更好的日子。其实，“孝道”也是一种“笑道”，因为孝老敬亲能让老人笑口常开，能让大家其乐融融，而家和才能万事兴。如今，随着社会的发展进步，行孝的方式越来越多元化，一条擦汗的毛巾、一盆洗脚的温水、一句真心的问候，甚至是一个关切的眼神……都会让家里的老人感到高兴。寿光市交通运输局的一项项举措、一个个活动，让行孝道成为一种习惯，而孝行净化人心。

二、有“德”才能“得”——知行合一，“德”升华人生

孝道，是德行之根本。孝德文化从家庭伦理出发，将人与人的关爱之情、责任之心推及至整个社会和国家。孝德文化以“唯人为贵”为核心内容。“德”即“得”，而德之得，即道德良知的实现，依赖道德实践，讲究的就是知行合一。

知是行之始，行是知之成。寿光市交通运输局在“大孝交通”建设中，将国学知识作为干部职工必修科目和应知应会的重要内容，为干部职工购买了《论语》《大学》《中庸》等经典读物；2023年，局里为新进的青年干部连续举办“青蓝计划”培训班，为40余名青年干部量身制订中华优秀传统文化教学计划，通过文化教育逐步化解青年人“人性冷漠、家庭不和”等问题，让其感受到中华优秀传统文化的魅力，让迷途的青年人重新燃起新的希望；注重中华优秀传统文化日常教育，在办公楼大厅电子屏播出“廉政警句”“孝道古诗词”等，职工上班首先注意到的就是电子屏上的内容，营造了人人学、日日学、时时学的良好氛围；选取了系统内的孝德模范、好人、敬业标兵、最美司机进行事迹报

告，通过“学习身边榜样”等活动，用身边人、身边事来教育广大干部职工，更容易接受，引起共鸣，形成了爱岗敬业、奋勇争先、向上向善的行业氛围，充分彰显了交通正能量。

常怀孝德之心，在实践中兴孝德之风、做孝德之事，让孝德文化不断升温、深化，演绎新的时代内涵。2024年春节前夕，寿光市交通运输局党组发出“迎龙年、弘美德、孝行千家”倡议书，监察大队58岁的高春勇给85岁的老母亲洗脚，丁建新给70多岁的公婆洗脚……此活动的开展在局里涌起了一股孝德暖流，引领了“知孝、懂孝、行孝”新风。局里重视孝道建设，在“大孝交通”建设中，创新开展活动，深挖活动载体，全面提升了“大孝交通”品牌影响力。一是开展了“陪老人过周末”系列活动，确定了每年的九月为交通运输系统“孝老爱亲月”，春节假期定为“敬老爱老文化周”，号召职工减少聚会，在家陪父母，拍摄与父母一起贴对联、吃年夜饭、除夕大拜年等包含中华优秀传统文化的照片、短视频，进行集中宣传。二是建立了看望老年人制度，干部职工的父母年龄在80岁以上的，安排专人在每年重阳节、春节两次登门看望；对干部职工的父母年龄在90岁以上的，除登门看望外，还要每年给予干部职工一定的假期奖励。三是多次举办了“大孝交通，感恩母爱”主题教育活动，邀请干部职工的老母亲、退休女职工参与，通过献唱歌曲、朗诵诗歌、上台献花等形式表达对母亲的养育之恩。四是组织了部分职工与母亲共同拍摄微视频《游子吟》，制作《时光里的父亲》，增强了宣传效果。五是连续三年举办了大型红歌比赛，增强了干部职工爱国、爱党、爱家情怀。六是开展了“十大幸福家庭”“好家风、好家规、好家训”评选、传统体育竞赛、政德教育、扶贫济困活动等形式多样的中华优秀传统文化活动。同时充分发挥交通志愿服务队力量，积极传承尊老爱幼美德，每年开展到社区看望老党员、80

岁以上老人、看望贫困儿童等志愿活动。让干部群众在活动中感悟孝德、崇尚孝德、弘扬孝德、践行孝德，传承孝德风尚，切实提升幸福感。

孝风德雨，润物无声。有孝有德，以引以翼。孝德传统，薪火相传，积极践行，可涵养中华文明之根，让中华民族传统美德继续发扬光大。

母亲的呼唤

韩朴明

清明前夕，回故乡为父母扫墓。我与年逾八十的姐夫一起，在墓碑前跪拜，思绪万千，老泪纵横。

慈母假如今天还活着，应该是102岁了。她在51年前的那个春天永远离开了我们，她只活了51岁。

世界上有一种最美丽的声音，那就是母亲的呼唤。它铿锵有力，声声给予力量；它温柔细腻，句句温暖心灵。16岁那年，我再也听不到母亲的呼唤。51年来，我似乎又天天听到母亲的呼唤。

母亲呼唤我坚韧。在母亲短暂的生命里，日子异常艰难，充满坎坷，她几乎没过几天好日子。她16岁那年，嫁给了比她大12岁的父亲。家境贫穷，饥寒交困。她拖着残疾的腿，一手领着姐姐，一手持着打狗棍，挨门挨户乞讨，却遭遇富人家放纵恶犬狂吠咬人。她生了七个孩子，四男三女，由于缺医少药，三男二女夭折，只剩下姐姐与我。她43岁那年，父亲离我们而去，她又当爹又当妈，母子三人相依为命。但母亲从不向命运低头，她始终坚信，云彩遮不住太阳，没有过不去的火焰山，苦日子总会有尽头，等我长大了就好了。然而，我未长大成人，她就撒手人寰。树欲静而风不止，子欲养而亲不待，是我心中永远的痛。我永远不会忘记那个饥馑的年代，母亲领着我们在饥饿的死亡线上苦苦挣扎的日子。家无余粮，三人分发的救济粮不够一个人充饥（当然，若没有救济粮，一家三口将性命不保）。榆树的叶和皮是上等的食物；谷糠、能吃的野菜、能吃的树叶、地瓜叶、萝卜和胡萝卜的缨子，是中等的食物；我甚至很长时间吃地瓜蔓、玉米棒的芯。母亲为了我，舍不得多吃一口粮食。她对邻居大娘讲："宁肯自己饿死，也要保住韩家的根苗。"大娘对她说："你真的饿死了，你的儿子谁管？"于是她才吃进少许食物充饥。记得初夏的一个中午，家里没有饭吃，少不更事的我，围着娘说饥困。娘把镰刀捆在木杆上，到大门外去采槐树叶。不料镰刀从高空掉了下来，娘躲避不及，砍伤了左眼角，鲜血直流，吓得我哇哇直哭，再也不喊饥困了。饥馑的岁月给母亲的身心带来极大的伤害，这肯定是她早逝的重要原因。母亲去世后，姐姐把我接到她家里抚养。人说是老嫂比母，我说是老姐比母。没有姐姐的抚养，就没有我的今天。

母亲呼唤我善良。做个好人是母亲终生的追求。她反复告诫我，要说老实话，办老实事，做老实人。在小学和中学时期，"老实"是别人对我最多的评价。母亲告诉我，人都有难处，能帮人一把就帮一把。我亲眼见她省吃俭用，却在遇到上门乞讨的人时，绝不让对方空手离开，并说明："我家也不富裕啊。"我家也曾有两件宝物。一件是"石燕"，大概是一种化石。谁家小儿不慎被虫叮咬肿痛，取石燕加水研磨，然后将研磨所得涂抹患处，很快能痊愈。一件是"顺筋枝"，是一种树。若有跌打损伤，取其枝或根进行煎煮，煎好后用其浸泡受伤部位，疗效明显。村里只要有人需要，母亲都是慷慨相送。在母亲助人为乐的善良品质熏陶下，我也时时处处享受着助人的乐趣。对孤儿寡母、疾病患者、弱势群体有着天然的同情心。看见别人有困难，都尽力相助。最近我的一位发小自学成才，参加全国一个网络楹联大赛，我呼朋唤友，动员了几百名同学、战友、同事、同乡连续一个月为他投票，最终得票近三万张，荣获二等奖。这位朋友对我的评价是甘愿为他人作嫁衣。在母亲的眼里，善良绝不是软弱可欺，面对不公平的恶人恶行，她绝不宽容，会据理力争。记得当年祖坟上一棵大杨树被风吹倒，此树虽然不能成木材使用，但当作做饭用的柴火还是好料。族里领头的人开始没有把我们家列入分发名单，母亲就出面与他们讲理，说：“祖上老七份子（弟兄七个）我们家承继了两份，怎么能没有我们的份？你们不要欺负孤儿寡母！”最后我们分得应有的份额。

母亲呼唤我勤劳。母亲勤劳一生，直到生命的最后一息。母亲勤俭持家，省吃俭用，供我上学。我小学毕业时，已经十三岁了，在农村是半个劳动力了，应该为母亲分担家务了。要不要继续升学，当时我思想斗争很激烈。我在班级的黑板报上写了四句誓言：毕业将近，定下决心，立志务农，建设农村。那时的小学升初中要经过考试，大约只有十分之一的人能升入初中。班主任张恒新老师动员我参加考试，他说，考上了但不去读也不要紧，还可以为班级争光。于是，我到稻田的寿光七中参加了升学考试，毫无悬念地被录取了。接到入学通知书后，母亲表示，砸锅卖铁、自己再苦再累也要供我上学。我上学期间的学杂费，是母亲用家养的鸡生下的鸡蛋一个一个积攒起来换来的。母亲以腊八粥来历的故事教育我“人勤地不懒”。她常说“谁家的烟囱先冒烟，谁家的庄稼先红尖”。无论是学习，还是劳动，都不要偷懒。要想过得好，勤俭最重要。勤动脑，勤动手，勤能生财，勤能成事。我在求学的过程中，虽然愚笨，但由于勤奋，也收到了勤能补拙的效果。小学期间成绩名列前茅；中学期间跳了一级；大学期间是节假日泡在图书馆时间最长的学生。功夫不负有心人，一分耕耘，一分收获。较扎实的理论功底，使得我在工作中得心应手，一帆风顺。我 34 岁就任正团职务，38 岁晋升为副师，43 岁荣任正师。成年之后，我从未睡过懒觉。坚持天天写日记。退休以后，退而不休，每天读书学习四个小时以上。在大学担任特聘教授十余载，教学量堪比青年教师，教了五万名学生，桃李满天下。而今年逾古稀，仍学习不止，笔耕不辍。家里订了《人民日报》《参考消息》等五份报纸，平均每月购进一本新书，每月从省图书馆借阅三四本书。在抗击新冠疫情的日子里，写出十几万字的新著，我的中学语文恩师宿云室看了书稿后，给予的评价是这个学生勤奋。

我从一个最穷最苦的农家子弟，成长为一名正师职军官，除了组织的培养、同志的帮助和个人的努力，母亲榜样的力量始终鼓舞着我，鞭策着我，护佑着我。我不愿意说我愿减寿十年，换母亲再活一天，我只愿母亲在天国无忧无愁，等待与我在天国相聚！

作者感言

其一，母亲教我系好人生第一粒扣子。回顾我的人生轨迹，做人的道理、谋生的技能，大多得益于学校教育和社会教育。特别是从军四十余载，在部队这所大学校里锻炼成长；入党五十多年，在党组织的栽培下舒枝展叶。我曾经读万卷书，我曾经行万里路，我曾经得高人指点，我曾经阅人无数，但是，是母亲的家教家风家训给我奠定了生命的底色，是母亲教我系好人生第一粒扣子，我永远铭记母亲的大恩大德。若有人问，追忆母亲的文章为什么写了那么多你自己的事。我从内心说，我是母亲基因的遗传，我是母亲家教的继承，我是母亲生命的延续，我就是母亲的影子。为人一世，至要莫如教子，至乐还是读书。若为人父母，再忙再累，也要精心关注儿女的成长，善加管教，言传身教，多多陪伴，助其形成健康的性格，确立正确的三观，打好人生的基础。其二，母爱伟大。女子本弱，为母则刚。母爱是世界上最伟大的力量。有这样一个故事。母子俩住在深山里，家里很穷。儿子长大后遇到一位美丽姑娘要嫁给他，姑娘没有财务方面的要求，只是为了救她病危的父亲，遵医嘱需要一颗老妇的心。不孝之子举刀砍死了母亲，残忍地挖出母亲的心脏，跑出家门。天降大雨，路滑摔倒，那颗心摔出好远。当他再次手捧那颗温热的心脏时，那颗心发出微弱的声音：我的儿，你摔疼了吗？这就是母爱。人的一生，有三个不能等：孝顺父母不能等，孩子教育不能等，身体有病不能等。若你的母亲健在，那是你多大的福气，好好孝敬她。其三，“苦难是人生的财富”。孟子曰：“故天将降大任于斯人也，必先苦其心志，劳其筋骨，饿其体肤，空乏其身，行拂乱其所为，所以动心忍性，曾益其所不能。”“自古英雄多磨难，从来纨绔少伟男。”这些话语给我些许安慰，给我前行力量。我的童年命运坎坷，八岁父亲弃我，至今难以回顾起点滴庭训片段。家境贫寒，缺吃少穿，体验过饥寒交迫的窘境。但是在母亲温暖的怀抱里，我没有自暴自弃，而是发奋努力，改天换地。苦难的经历像磨刀石，砥砺人们坚强的意志；苦难的经历如镜似光，告诫人们知足常乐、珍惜当下。如今，国家富强、科技发达、生活富足，与当年不可同日而语。但是，艰苦奋斗是我们的传家宝，任何时候也不能丢。

慈祥的娘亲　醇厚的家风

曹学芹

娘，是一个永远的话题，因为她养育了我们，并影响着我们的一生。我虽年过花甲，但每至娘的忌日，总不自觉地深深念及娘的些许往事，脑际不时浮现娘的身影。

前些天，有位外地领导回乡省亲，饭间动情地述说着娘亲那些艰难的往事，已过“耳顺”之年的老同志，酒过三巡，潸然泪下，声音哽咽……是啊，孩提时，离不开娘亲，她是全部生活的依靠；成人后，忙于事业生计，娘尚身强力壮，不觉有什么不舍；“不惑”过后，娘已过世，梦里话间却总愿提及那些有关娘的往事陈情。我想，这大概是所有已近暮年人的共同感触。娘出生于封建社会，一生艰辛，没过几天好日子。按说耄耋之年谢世，也算寿终正寝，但留给我们的却是永远的思念和子孙未能尽足孝道的无限遗憾。

一、娘一生勤劳，是干家务农活的行家里手

人民公社时期，生产队是农村最基本的劳作组织形式，壮劳力要去较远的田野耕耘，妇幼老弱则在离家较近的田间地头劳作。摘棉花、掰玉米，浇地种菜，扬场推车……样样农活，娘始终抢在前干在先，一天下来，娘与男整劳力一样能挣到十个工分。夏秋季节，场院打场晒粮的农活主要靠女劳力承担。扬场是技术活，盛满簸箕的小麦，迎风抛洒，粒糠分离，落下堆堆“金黄”，这绝活娘做得最精到。那年月，农

村生产力低下，农民生活十分艰辛，即使风调雨顺年景，也是粗粮常年维系，细粮则只当年节美食。一遇饥荒年月，则吃糠咽菜，甚者外出讨要。无米之炊的窘境，使娘整日愁眉不展，经常东抓西借，左右操持。全家八口人的穿着，全凭娘一人操持，那时没钱购布买衣，从纺线织布到缝制衣被，娘一年到头忙个不停。记得有那么几年，农用化肥袋是用尼龙化纤制成的，娘看到此料柔软细腻，便将其反复清洗，用其缝制成短衣单裤供家人穿用，一时全村人仿效。难以彻底洗净的“尿素”字样，依然隐现于前胸后臀，缺衣少食的年代，只要应急，谁还顾得上讲求美观舒适。

娘通达事理，为人至诚。我所在的村是个父子村，全村同姓同族，娘在村里辈分较高，左邻右里谁家有了难事，娘总是千方百计不吝帮扶，从不言弃；哪家出了家务纠纷，娘也总是主动出面调停，息事宁人；兄弟姐妹中，若偶有在外惹是生非，必遭娘痛斥严惩。家乡有句俗话叫“偷瓜摸枣不算贼”，尤其在那艰辛的岁月，孩子们偶尔偷食点队上的瓜果梨桃，人们是不会过分责究的。记得在20世纪60年代的一个秋日，看到家里几近断炊，放学后的一个傍晚，我约上邻居伙伴偷偷去队上田地里挖回半筐地瓜，娘问明原委，先是一顿痛打，然后一手提筐，一手牵我，直奔时任生产队长的堂叔家中，进门便让我跪述原委，听凭堂叔处治。我偷窥娘面，见其泪眼汪汪，怒气充盈。堂叔见我实在可怜，便道：“都是缺吃少穿逼的，地瓜先带回，称一称记个账，等队上分配时扣除算完。”娘苦笑着道谢。回家的路上，娘反复叮嘱，“日子苦点穷点没啥，咬咬牙就过去了，记住今后可不能再做偷鸡摸狗丢人现眼的事。”此事虽小，但每每念及总觉愧疚，且不时萦绕脑际。

二、娘一生俭朴，惜子如命

记忆里，在那些艰难的岁月，娘总是土布粗衣且补丁连连，却千方百计让孩子们体面生活。那时家里穷，家人生计，子女就学，一年到头，娘有操持不完的家务：养猪一年一头，卖得百八十元；养鸡三五只，卖蛋集钱每月三元五角；编草筐换钱终年不止。记得我十六岁入高中，学校离家二十几里路程，每到周末娘便着手操持我一周的饭食，玉米、高粱、地瓜面三凑两集整装一袋，十几斤左右，一两个罐头瓶装满虾酱、咸菜，这便是一周的全部给养。一旦遇有亲朋送点食用礼品，娘和全家人都不舍食用，全数打点入包。那时年少不懂事理，每至星期天下午，便背上娘准备好的大袋小包，与同学有说有笑奔赴学校，哪知娘却又在想方设法操持全家人一周的生计和三餐。

三、娘一生付出，不图回报

一年到头娘为乡亲们帮忙应急的事情做得很多，每逢过年过节，人们带些土产礼品感恩探望，娘也总是毫不吝啬地以家里能够拿得出手的东西予以回谢。后来日子逐渐趋好，兄弟姐妹大多成家立业，我在外也有了工作，有了收入，曾几次与爱人提出，接娘外出度些时日，以尽养育之恩。但娘每次都是那几句话："农村穷日子过惯了，出去不自在，你们在外收入也不高，添一个人，费一份财，农村生活挺好，只要能自理，哪里也不去。"我们执拗不过，无言以对。儿子出生那年是20世纪80年代初，娘已年过六旬，考虑到她一生含辛茹苦，又年老体弱，不忍再让其费心劳神，欲雇保姆照顾孩子。谁想娘得知后一顿训斥，说："别说你们还没几个钱，就是有钱有物，也要自己的孩子自己照顾，让别人照看我不放心，眼下我还行得动，拾得起，照料孩子的事你们别管。"第三天，娘便背上包裹让家人送至县城住处，这一待就是六个春秋……

娘八十三岁得病，患的是胃癌，病魔折磨得她骨瘦如柴，但她从不呻吟出声，孩子们痛心地聚集榻前，想尽一切努力留住娘亲，她却用微弱且固执的声音明示儿女："我气数已尽，到了该走的年岁，不必再为我糟蹋钱财，今天起，一不手术，二不用药……"一生慈善的娘亲，话间一脸的安然。常听人们说大凡患绝症者，多为家世遗传、不良生活习惯和心情处境原因所致，但我想，娘患此症，主要源自她一生艰辛、饥饱不均、冷热无律、积虑操劳，而这恰恰成了为儿的一生憾事。家乡至今仍传承着传统的殡葬方式，娘去世的时候，我携家人返乡，按农村习俗披麻戴孝为娘送行，入殓那刻，亲朋子嗣悲恸号啕，不少乡亲也陆续随之扶柩失声……

作者感言

我写母亲，不仅仅因为她赋予了我们生命，带我们踏入了这美好的世界，也不仅仅因为她含辛茹苦哺育我们长大，默默地陪伴我们从混沌童稚走向成熟，成家立业，到达人生的新高度，更因为：母亲那慈祥、纯朴、善良、包容的形象，始终留在我的脑海里，不时浮现在我的睡梦中，挥之不去；母亲那朴实明理、悟道育人的话语，经常在我耳际回荡，犹如在昨，亲切至极；母亲在生活细微处展现出来的艰辛，处兴之谦持、遇哀之隐忍、临苦乐之坦诚的高尚风格，始终影响着我，鞭策着我，引导着我。母亲是一尊不朽的丰碑，是一座永不塌陷的精神灯塔。母亲更是一本读不完的书，一首填不完的词，一曲唱不完的歌……

我写母亲的文章不下 10 篇，每次提笔都是感情所致，油然而成，是从心底自然流淌出的物化语言，而每次搁笔又总觉是一次心理自慰、心灵陶冶。记得还在县里工作的时候，我写了一篇母亲照看孙子的文章，题为“伟大的母亲”，并制成了音像带。有次在省里工作的一位领导同志到我家中探望，我请其审阅示教，他看到一半已潸然泪下，在其后的叙谈中，更是几度哽咽，令人动容。我想，这并不是因为我文章写得多好，而是母亲这个永久的话题和文章的内容细节引起了共鸣，勾起了他对已故老人的深切追念……

寿光籍几位老友，为了弘扬优秀孝德文化，自发成立了编委会，征集出版了《严父慈母》一书，我高度赞赏，倾力支持。欣悉拙作《娘》《母亲的小蛋篓》入选，甚为荣幸，并遵嘱写就此感言。相信此书的出版发行，必将产生预期的社会效果，必将达到有力助推形成尊老敬贤、崇尚礼仪文明的社会风尚之目的。

附文

母亲的小蛋篓

说母亲的小蛋篓是全家的“聚宝盆”“小银行”一点也不为过，旧时农民生活十分艰辛，面朝黄土背朝天，一年到头整日的劳作换来的是经济拮据、衣食不保，一家人油盐酱醋、人情往复的零花销全靠母亲的小蛋篓。

母亲的小蛋篓是自制的，心灵手巧的母亲用些旧书报、烟盒纸拌些自打的糨糊一片片地糊贴，一层层地围裱，最终形成一个两头圆小、中间粗厚、下有座、上有盖的精制小篓。蛋篓的容量并不大，20个鸡蛋足可以装满。起初的小篓是单薄的，日子一久难免出现些裂缝和断隙，母亲就及时地加以修补糊贴。伴随着岁月的流逝，那表面或红或绿，或蓝或黄的小篓，便自然成了一件浑朴厚重而又工艺别致的“民间艺术品”，记载着时日，蕴含着艰辛，寄寓着期待……

母亲爱鸡如命，饲养十分用心，或用谷糠草籽拌些饲料，或不时地抛撒些秕谷粗粮，围转左右的五六只老母鸡被喂养得体态肥硕，储足了产蛋的后劲。每每听到“咯咯”的鸡叫声，母亲便兴高采烈地将手伸进鸡窝，掏摸出那枚温热浑圆的鸡蛋，抚弄掂量置于蛋篓，过几日总要数一数，盘算着换钱的数额。村里有个逢五排十的小集市，每逢集日，母亲便早早地抱上蛋篓，用数日积攒的鸡蛋换回三元五块，这成为全家日常生活支出的重要贴补。

母亲一生节俭，但为人处事从不吝啬。左邻右舍谁家有人得病生灾，谁家生子添喜，她总是第一个抱上蛋篓登门探望，送去心意。那时的农村很贫穷，十年九饥荒，农民长年吃糠咽菜、衣食无着，一两把鸡蛋在当时就算是厚重的礼物了。家人偶有头痛脑热身体不适，母亲总是单独为其擀一碗面条，做两个荷包蛋。那年代这可是上乘的“营养饭”。然而，记忆里却很少见到母亲享用过。有时母亲身体不适，家人劝她吃几个鸡蛋补一补，她总是说：“鸡蛋是用来换钱的，自己吃了太破费，用不着。”

20 世纪 80 年代初，儿子降生，我便把母亲接到县城照看孩子。记得当时母亲带来的是一只喂养多年的老母鸡和满满一篓鲜鸡蛋。看到这些，一下勾起了成长记忆中母亲为了我们节俭操劳的点点滴滴，心底的那份酸楚油然而生，愧疚之心难以言表，至今不能忘怀……

母亲谢世已满十载，每每念及当年的种种情景，心底总存一种对母亲抹不去的留恋和道不尽的感恩。至今在老家旧宅里，还依然珍存着母亲生前的部分生活用品：纺线车、织布机、筛面箩，更有那始终伴其左右的小蛋篓。

我的父亲母亲

桑爱梅

说来惭愧，做所谓文字工作近30年了，除上学时老师布置的命题作文，竟没一篇主动写给我的父亲母亲的文字。

因为琐事多，有近一个月未回家。周末突袭回家，父亲一如既往外出忙碌，母亲一个人正张罗着包蒸包。“你咋知道我回来？”母亲笑道：“我咋知道？知道你们忙，打电话叫你们怕你们为难，周末我就做好吃的，随时等你们来，也捎点回去……”

一个母亲心里的世界有多大？那一刻，欢笑着的我，心里突然就盈满了泪水。

一、母亲

真正去读父亲和母亲，是最近几年的事。

从依赖到叛逆，再到理解再到评判，对于父母的感觉，起起伏伏，有好几个过程波段。

有时候，觉得自己是懂了的，甚至有一段时期，觉得似乎有一些资格去说说道道一样。

但是已近中年，我忽然觉得，对于父母，我似乎才刚刚开始用心去解读他们。

父亲和母亲的婚姻，应该算得上“一波三折”。

一见钟情的他们，最终还是没能抵得住家里对于“出身成分”的纠结。订婚后的他们无奈分手，而父亲，终是放不下他心仪的母亲：他用一个本子给母亲写了一封长信，诉说了自己的委屈与抱负；而母亲，心里的慈悲便再也让她放不下。那时候的外婆，因对母亲的爱更是放大了对“成分”的惧怕，几番劝导未果后，对母亲说：你若嫁过去，便别再进这个家门。

母亲还是嫁了过来，她放不下心地善良的父亲。外公的祝福给了她些许的温暖。那个时候的家是村子最中央处的一处台屋，空空如也，家徒四壁，只有几层高的台阶隐约还显出曾经所谓的贵气。

年轻的父亲和母亲有的是力气，他们幻想的是用他们的努力，一定能创造一个美好的将来，也好证明给不看好他们的外婆。但现实却不能如他们所愿。看到父亲的窘态，母亲下了决心：你这样子在家里一辈子没有出头之日，家里我顶着，再怎么样你也得出去闯闯试试！这个决心一下，在娘家一直被呵护在父兄手中的母亲忽然凛然起来：人穷志不能短，咱不能这样窝囊一辈子！

那时候外出，必须村里开手续。百般纠结，终究还是没战胜母亲的决心。父亲出去的时候，我只有两岁，还有刚刚出生不久的妹妹。那个时候，育有五子一女的祖母已经有 9 个孙子、6 个孙女。对于为孩子操劳了一生的祖母来说，带孩子的确是她应该放下的活计。

不知道母亲从哪里来的气力。我与二妹差两岁，没人哄，怕乱爬，母亲就把我们放到挖的地坑里；有时母亲去挑水、担柴、锄地，就会把二妹绑在身上，母女俩如影随形……

命运似乎特别有意考验父亲和母亲。在那个男人顶天立地的年代里，母亲一下子生下了我们姐妹三个，那时候会被人骂作“绝户”，好像是骂人之中最狠的话。但是，当村里很多人抱养男孩时，母亲先后三次拒绝了别人让她抱养男孩的好意。母亲说：“我有她们三个。”那时，母亲跟我们说得最多的一句话是：一定要争气！

从我记事的时候，父亲一般一个月回一趟家。那是我们家最快乐的时候。母亲会很快乐地张罗好吃的。我印象最深的，是母亲煮咸鸭蛋。一个咸鸭蛋，一切两半，一半给我的父亲，剩下的一半再切成三份，我们姐妹仨一人一份；而母亲，总说自己不喜欢闻那腥味，笑着看我们吃，一个人啃咸菜。

家贫不堪，但母亲教会了我们孝养父母和与人分享的道理。日子拮据，父亲回家捎回两个大包子，母亲会让我们给祖母送去一个，剩下的一个一分为三给我们仨：虽然贫穷，但是那种甜美却终生难忘。

三岁的我，最快乐的事情就是去姥姥家，走亲戚，总是可以吃得好一点。大妗子至今还经常会提我小时候的事。我自己吃饱了，把小肚兜兜扯起来说："妗妗，把这些面条给我兜起来。"妗妗问："兜起来给谁啊？"答曰："给俺奶奶和爸爸捎家去。"

姐妹三个，性格迥异。性直刚烈如我，挨母亲批评最多。而温软绵厚的二妹，母亲总是给她鼓劲。只要是与同学吵架，我回家必是挨批，而母亲却总是鼓励二妹别怕事。而机灵乖巧的小妹，母亲提醒她踏实稳重。分类施教？当如是。

不欺人，不怕欺；不惹事，不怕事。这是母亲教会我们的。家里谁要是找事，轻则挨训，重则挨揍；但是事来了，无论如何得面对。只有小学文化的母亲，成了我们最好的教科书。

母亲也教给了我对待金钱的态度。到小学三年级时，家里条件已经赶上来了。但对每一分钱，母亲都不许乱花，并明令：要是乱花，就不给学费。每个同学几乎都有一点零花钱。一次，我借了同学五分钱买了两支冰糕。母亲知道后，只说："我告诉过你要扣学费的。"我哪知道她会如此当真。交学费的时候，全班同学都交上了，就差我自己。两块多钱的学费，我哪里丢得起这个人？回家再要，一而再，再而三，就是不给。最后老师和父亲说和，母亲说："你要写好保证书，再不乱花钱。"一位同学讨好我，让加入女伴群，给了我五分钱。我很得意向母亲炫耀。母亲硬是让我给退了回去，而且保证下不为例。"小时偷针，长大偷金"，人的胃口是一天天大起来的。母亲有一大堆这样的道理。

一个女人带着三个孩子，独立撑起一个家，困苦可想而知。那时排队打轱辘浇园子，月黑风高的夜里，母亲会把两个妹妹反锁在家里，带了我做伴，娘俩在风吹芦苇的沙沙声响里，相互壮胆。秋收的时候，老是连阴的天气，手推车陷在泥泞的地里，母亲推，我拉，碰到深泥的时候我跪在地上，拉绳勒破了肩膀，勒破手掌，当终于冲出泥地的时候，也是我们娘俩泪水汗水交织的时候。

但母亲从没有说过一声苦。在很多人让孩子退学去干活，也劝说母亲让我们退学帮她的时候，她说，只有上学是她们的未来。无论农活多忙，母亲都从没耽误我们一天的功课。在清朗的月夜，我还常常想起秋收时的母亲，为不耽误我们上学，先安排我们睡下，一个人在月夜下剥玉米皮。很多时候，我睡了一觉醒来，天井里还是母亲一个人"哧啦哧啦"的剥玉米皮声。那样漫长无边的月夜啊。

印象里，小时候似乎从未见母亲生过一天病，每天都是那样精神饱满地操持我们的生活、忙活农活。倒是我们身上不舒服的时候，她用她那双满是老茧和开裂的手，给我们做按摩。母亲的手，似乎一直都是开裂的，缠着胶布，甚至有时会出血。后来才知道，那个时候的母亲，身上已是老病缠身了。一个人内心的力量，有多强？

但和母亲，我似乎有一种天然的冲撞，早一天摆脱她的控制，是我内心最强烈的渴望。每天晚上放学回家，我在窗前写作业时，听着村子前面公路上汽车驶过的声音，思绪飘向很远很远的远方，憧憬着梦想中的美好和自由。

直到 17 岁那年，我作为癌症患者住进了省肿瘤医院。母亲撇下一院子的秋收还有只有 10 岁的小妹和临中考的二妹，说："只要她一天不好，我就不回家！" 这似乎是一个母亲跟上苍和神灵的沟通和斗争。44 天的时间里，母亲瘦了 30 多斤！但是，除了手术结束化验结果是良性时，我看到母亲奔涌而出的泪水之外，我从来没有见过母亲面对我时流一滴眼泪。父亲说："每一天，你娘见你之前、见你之后必会大哭一场。"

一个母亲的坚忍，有多强？

深夜敲打这些文字，一幕幕无比清晰鲜活起来，千头万绪，却又无从割舍。也许，所谓亲情，所谓岁月，就是这样的点点滴滴。

二、父亲

父亲行五，是家里的老小。印象中，父亲似乎总是被人找来找去，不是到东家帮忙，就是去西家忙活。而且，父亲似乎无所不会：能写会画，吹拉弹唱，还有一手好活计。村里那时各家用的提篮、手推车，以及结婚用的家具，村里的黑板报绘制、样板戏表演，都有父亲参与的痕迹。白天给人家帮忙，自己的事情只有晚上忙活，仍然记得三岁多的我，深夜里提着小灯笼给父亲照亮做家具。

如今父亲 70 多岁了，似乎还是村里最忙的人。红白公事，打墙上屋，图纸设计，村里演出，天天忙得不亦乐乎。

那是暑期最热的时候，村里修路，深受村里老少爷们信任的父亲被村里请去做顾问。他天天泡在路上走来走去，我几次回家，看到他和头发花白的母亲两个人在最毒热的太阳下，在天井里，支起了大锅煮绿豆汤，然后一桶一桶地提出去给那些素不相识外地来的修路人。父亲说：

“天热，可千万别中暑了。那个活儿，别说是完全义务纯属自找，就是高额的待遇也没人愿意去做啊。”我们劝他们别把自己热病累坏，他说：“他们撇家舍业来这里挣钱不容易啊，要再有个这病那灾，可就麻烦了。”

从年轻到现在，四邻八庄，说起父亲，众口一词大都是两个字：好人。而且，要是但凡有人说父亲的不是，那一定会有人群起声讨。似乎说父亲好的人，才是好人，要是说父亲不好的人，一定不是什么好东西。母亲说，你父亲眼里无一个坏人。每个人在他眼中都是一视同仁，贵者不攀，弱者不欺。再贫弱的人来到家里都是他的座上宾，他的交往从无半点功利色彩。

在我印象中，父亲常会很严厉地训导他的下属，还有一些来家里找他调和的人。激动处，父亲常常高声高调，不留情面，任母亲一再拉扯他的衣襟提醒也不管，一副义正词严的样子。而那些被父亲训斥的人，事后却每每对父亲非常感激。当时自己是不懂的，与母亲说的“都是好人”也是不同的。现在才知道，直心是最好的道场。正直善良的父亲，拥有的正是一颗宽厚博爱之心。从一个技术木工一直干到丰城建筑公司的副总经理，正是无私心、无私情、无私利，才使得父亲具有那种不言而喻的正义力量。

直到现在，跟随父亲一起成长起来的弟子们，每逢年节，都会来看望他们的“桑师傅”。父亲退休 20 多年了，他们当中很多人不做本行也很多年了，但他们对父亲的恩泽念念不忘。

我们小时候，父亲离家在外，直到退休以后他才回来。在我们孩提时代，父亲只要回到家，无论多忙，都会提了毛笔，在木板上写下几句诗，让不识字的我们背诵，我们像唱歌一样背过了，父亲便开心地笑。在地里干活休息的时候，父亲会用树枝写在地上教我们念。走路时，他也会给我们讲很多故事。那时候感觉父亲真的是无所不知。到我们上学识字了，父亲每次回家给我们的礼物就是书，那是我们姐妹最开心的时候，常常是欢笑着分抢了，抱着书，饭都顾不上吃，任母亲一唤再唤。

现在想来，依稀感觉，是母亲给了我们性格的滋养，而父亲给了我们精神的天空。不拘泥于世俗，不取媚于权贵，我口言我心，我手劳我得。不投机，不讨巧，忠诚于自己的内心，忠实于劳作的创造，是并未给我们讲过大道理的父亲，用他的行动给予我们的精神底色。

父亲一直是顶天立地的。我九岁那年，记得母亲曾在深夜里一个人蒙着被子痛哭，第二天依稀听得村里邻居讲我父亲左手被机器切去四个指头，靠手艺谋生的父亲，可能下步会断了后路……依然记得他的同事们和村里人络绎不绝来看父亲，家里那时每个橱子里都是他们看望父亲时带来的饼干等，但是对于这次事故给父亲的影响却丝毫不记得。父亲依然欢乐，很快适应了指头短缺带来的不便，并发明了他自己的方法。如今在吹拉弹唱方面他依然是一把好手，我们丝毫没有感觉到父亲身体有半点的残缺。

这种气质也留给了我们。小时候，我不小心磕到炉角上，眼角留下深深的伤痕，随后去乡镇医院进行了缝合。没有大夫进行麻醉，伤口缝了六针，我愣是咬着牙一声没哭。事后父亲问：“不疼吗？你咋不哭？”我说：“哭就不疼了嘛？”大夫啧啧称奇。17 岁那年我手术后，因腿神经受损，偶尔走平地也会摔跤，直到现在，每当天气变化，腿部仍然疼痛不已。但很少有人知道我的这个后遗症。这是父亲教会我的。我知道，一个精神完整强大的人，永远不会有身体残缺。

虽然父亲长期不在家，但我们似乎从未缺失过父爱的滋养和调教。随着父亲工作的起色，我们家的日子开始有了生机，开始成为村里笑声最集中的地方。

记得我家买第一台录音机的时候，整个村里都沸腾了。大家对这个可以把声音录下来的东西充满好奇，一遍遍听，一遍遍试。而我和小妹们，自此之后，放学回家的固定节目，是我们一边干活，一边背诗或算题比赛，同时用录音机录下来，然后再放出来听。直到现在，那一台录音机已经有 40 多年的历史了，父亲还一直保留着，里面留存着我们充满童真的朗诵声。

从此，我们家添置了村子里的好多个“第一”，第一个拥有沙发、电风扇、洗衣机、冰箱，等等。母亲开始过上苦尽甘来的日子，我们家也变得忙碌起来：家里的冰箱，要替村子里好远的人存放东西；要陪来看电视的人陪到很晚……但母亲一直乐呵，从来没有一点抱怨。

学会感恩和分享，是父母给予我们的最大财富。最难忘的是每个节日，因为父亲不在家，很多时候，家里的活计需要或多或少的援手。而我们家，任何时候都是得到本家族以及村里人帮助最多的。那个时候，父亲和母亲便会仔细数算一年当中，所有给予我们大大小小帮助过的人。我们姐妹三个，便会穿梭大半个村庄，带着或多或少的礼物，向所有给予帮助过的人说一声感谢。记得很多时候分一圈回来，家里留的东西已经很少，有些甚至都没有了，但是我们仍然很快乐。那时我开始体会到给予永远是比索取更快乐的事情。

无论远的近的，好多孩子小时候都会记得父亲母亲对他们的好。我家似乎就是一个给养站：玩渴了，来喝水；饿了，来吃饭；累了，倒头便睡。父母先是“五叔五婶”，后来是“五爷五嬷”，再到现在是“五老爷五老嬷”。一代一代，习惯依旧。

家里谁有个拌嘴吵架的，也常常会来找父亲母亲给他们评评理，说道说道，也就心平气和了。似乎父母说的话，一定是公平公道的。

每年的春节，父亲都会带上我们去姥姥家，从记事开始，一年没有落下。到现在，每年春节，无论我们怎么样隆重安排，父亲都还是自己亲自上门看望姥姥。他说："你们替不了我。"

提起姥姥当年的阻挡，父亲说："每个母亲都希望自己孩子好。"近50年的坚持，风雨无阻。一个男人对一个女人一生的承诺，竟是这样的一种看似寻常的坚持。

岁月终是厚待了认真努力对待它的人。而今，父母的三女三婿皆是党员，为人做事皆有口碑，孙辈三人，更是青出于蓝。

而只有三个女孩儿的我们家，却还有一个最奇特的现象：每到年三十，家里伯父家的哥哥们便会到我们家集中过除夕。开始是哥哥们满满一屋；后来又加上嫂嫂们再一屋；再后来，加上小侄们再一屋……吃完晚饭就来，要等看完春节联欢晚会放完除夕的鞭炮后才走。直到我们姐妹三个相继结婚之后，至今仍还是哥哥嫂嫂小侄们陪同父亲母亲守岁。那浓浓的亲情，似乎可以抹得平岁月所有的辛劳和坎坷。

千秋邈矣独留我，百战归来再读书。晚年的父亲，除了热心帮公之余，便是伏案梳理自己的文字。70岁之后，百万字有余的《桑家园史话》《似水流年》《辛旺村村志》陆续出版。

三、后记

这篇文章写了很久，总是写写停停。

把文章给老公看，老公说，这是你写得最啰唆的一篇文章；妹妹说，看不到你的章法了。

写作过程中，我总觉千头万绪，难以尽意。听到亲人对文章的评论，我越发诚惶诚恐。

现在父亲仍然经常埋头写些文字，要是在《寿光日报》发表了，他一定会问我："是不是人家看你的关系才给我上的啊？要是不够见报条件，可千万别让人家为难啊……"每次都是。而这一次，如果这样的文字见报，不一定只是父亲，可能也会有很多人会说：看起来还是自家报纸啊！

如果是这样，有近 30 年新闻经历且从未有愧过一篇文章的我，也认了。为了父亲母亲，为了表达对天下父母的感情，至少从形式上达到这种效果，也就将就了。

传小妹阅看时，她同事说："你们的父亲母亲真让人羡慕啊，俺的父亲母亲，比起来可是不行了……"

这也是我有勇气来发出这个文字的原因之一：我想说，每一位父亲、母亲，他们的付出、他们的给予、他们的期待，作为儿女的，或是我们不去读，或是我们没读懂。

"养儿方知父母恩。"这一句老话，我们在育儿之初似乎一下子感悟了，但是随着时间推移，似乎又遗忘了。我们听说过，我们看到过，我们甚至经历过，有多少孩子在物质上苛待父母，在精神上冷落父母，甚至遗弃父母，我们看到多少父母街头的等待和盼望，心里的泪水和眼里的绝望……这样的事情不是故事。"首孝悌，次谨信""百善孝为先"，我们都是知道的。但是，为什么做起来，我们很多人就忘了呢？好在时间有最好的轮回：因为每一对父母，都曾是他人的儿女；每一位儿女，都会为人父母。

"母亲节"是一个舶来的节日。拒绝崇洋媚外的我，却认同这个节日，认同它对于亲情的关注和审视。

回望来路，行文至此，已经没有写写停停中淡淡的眼泪了，反而是心里淡淡涌出的一种沉静：自古跪拜之礼为至尊礼数，但随着新社会的改革，把这些作为"陈腐的繁文缛节"给革命掉了。但我想，从今年起，我的生日那天，还有春节那天，对于父亲母亲感情，我会用一种仪式表达：最虔诚地跪下，很认真地给父亲母亲磕头，叩首感恩。似乎只有这样，才是对难以言谢的父母除物质和精神之外唯一的表达。

身体发肤，受之父母。是他们，给了我们得以在天地之间存活并绽放的生命。孝养父母之身，孝养父母之心，孝养父母之志。孝之三重，就让我们自己先从第一重做起吧。

以此献给我的父亲母亲。献给我们的父亲母亲。

母亲的生日

台头镇北孙村　张孝楠

今年农历八月初六，是母亲去世一周年忌日，同时也是母亲的 79 周岁生日，我们姊妹五个在一起一边给母亲准备祭物，一边泣不成声。我的脑海中呈现出了去年母亲生日当天的场景。

“喂！喂！全体村民请注意了！”

早上还不到六点，村里大喇叭就响起了支部书记的声音：“根据上级安排，经党员、村民两议事会通过，村‘两委’决定，今年凡 75 周岁以上老人过生日时，就不要买蛋糕了，统一由村委提供，并前去和老人一起过生日，拍照片……”

母亲有五个孩子，我们兄弟三个还有两个妹妹，在儿子中我排行老大，母亲在我院中独居于一偏房陋室，因年龄偏大，身体不好，需要我们兄妹五人长期在母亲面前轮流照顾。母亲生日前几天，我的三弟与五妹在交接伺候母亲时发生了矛盾，我正为母亲 78 周岁生日这事烦恼。

几天时间一晃就过，母亲的生日到了，我与妻子商量：“老母亲身体不好，今年生日怎么过？”妻子说：“兄妹五人不和，都有矛盾，我给婆婆煮两个鸡蛋吃就算过了吧。”我虽有不情愿，但慑于妻子平时的强势性格，话还是憋了回去。

正在此时，我家的大门被轻轻推开，同时传来了支部书记的声音：“老嫂子，生日快乐！”我听到声音后立即跑到院子中，看到支部书记手提一个大蛋糕，两名“两委”成员手中用竹竿挑着一横幅，上面写着“祝老人生日快乐”七个大字，身后还有一群七八岁的孩子看热闹，我急忙接过蛋糕，将书记一行三人迎进客厅，倒上茶水。书记说：“我们今天不是来喝茶的，是来给我老嫂子过生日的。”说罢便要我带领他们到老母亲住的低矮破旧偏房中去。进屋以后，我们适应了一下昏暗的光线，才发现老母亲正坐在黑乎乎的炕沿上，用脏兮兮的双手在搓着眼睛，听到有人便问：“谁啊？有什么事？”我应了一声说：“娘，咱村书记带着蛋糕来给您过生日了。”因没提前和母亲说今天是她的生日，所以在说“生日”二字时，底气不足，声音小得像蚊子哼哼一样，只有自己听得到，这时书记说：“嫂子，祝你生日快乐！”老母亲听清来人后嘴里喃喃地说：“哦，书记来了，今天过生日，我自己都忘了。”这时我的脸上就感觉到热乎乎的。书记又说：“村里给你送来了蛋糕，我们还要给你拍三张照片。”母亲因耳朵不好，也没听清楚，我与妻子站在旁边，非常诧异地问：“书记，怎么还拍照片呢？”书记说：“村‘两委’经过研究，今天早上已经在村广播里讲了，给老人过生日不但送蛋糕，还要拍老人的袜子、老人的被子、家庭合影三张照片，同时，把这些照片传入我们村微信群，推动村庄孝文化，改善我们的村风民风。”我和妻子面面相觑。这时书记走到老母亲身前，用手抬起老母亲的脚说：“老嫂子，我看看你的袜子。”说话间，便将母亲脚上脏兮兮的小鞋脱了下来，因房间光线太暗，看不清母亲脚上情况，一名“两委”成员打开手机上的手电筒一照：“天哪！”只见母亲脚上的袜子，只有筒，没有底，是双烂袜子，再一看，母亲脚上的老灰，都像小孩嘴巴裂开着，更令人诧异的是，母亲变形的五个脚指头，指甲都像田螺皮一样盘在上面，形成五个小圆圈，我的心灵受到了深深地震撼，大脑一片空白。只听见书记对“两委”成员说：“拍！快拍！拍完抓紧时间过生日！”拍完第一张照片后，又听书记说：“嫂子，请你挪一下屁股，我们拍一下你的被子。”母亲用瘦弱的胳膊撑起身体，颤巍巍地挪了一下，我们看到母亲的被子，又黑又亮。此刻，我只感觉到血往上涌，头晕目眩，眼泪不知不觉已经流了出来。说实话，我今年已经五十多岁，我的儿子也该结婚成家了，这些年来，我也从没见过母亲的脚与被子是这样的。这时，妻子把我拽出母亲的房间，对我说：“赶紧和书记商量一下，快给咱娘换一下，如果把这些照片发到村微信群里，就太丢人了。”妻子一说，我瞬间清醒了过来，便把书记请到母亲房间以外，就像犯了错的学生低着头说：“书记，请您再给我们一次机会，允许我们给俺娘换一下，再重拍一次好不好？”书记立刻领会了我的意图，便说：“咱们平时关系挺好的，抓紧时间换新的重拍。”妻子迅速跑到我们自己房间，拿来一双新袜子给老母亲换上，将母亲的烂被子扔入院中草棚，换上一床新被子，重新拍了这两张照片，这时，二弟、大妹也陆续地来到了母亲房间，书记说：“你们兄妹五个只到了三个，还有一弟一妹没来，我们不等了。”说罢，便拍了第三张家庭合影照片。临走，书记对我和妻子说：“你们夫妻二人也不算不孝顺之人，今天，你们老母亲过生日，到现在还有弟妹没到场，也没有给你母亲过生日的样子，你们父亲去世得早，你作为家中老大，没有尽到教化弟妹的责任，俗话讲得好，‘子欲养而亲不待’，一定要趁着我老嫂子身体还行，还有孝顺她的机会，都多尽尽孝，千万不要留下人生遗憾。”我们兄妹三人，都羞愧地低下了头，流下了眼泪。

真是“天有不测风云，人有旦夕祸福”，老母亲度过 78 周岁生日后的第五天，也就是八月十一日，突然病逝。根据我们当地风俗，在算忌日时一个子女应减去一天，八月初六正好与母亲生日重合。

从村“两委”第一次给我母亲过生日送蛋糕，到当年“九九”重阳节，一个多月的时间，村里共为九名老人过生日。重阳节前夕，村委在广场上召开了村民大会，村党支部书记在大会上说：“咱村开展中华优秀传统文化学习以来，上抓孝敬老人，下抓教育孩子，中间年龄段的村民通过‘家长学校’和‘孔子学堂’学习，普遍提高了素质。村‘两委’连续九次给老人举办过生日送蛋糕活动，明显感觉到村里发生了六大变化：一是老人着装普遍变新；二是家庭环境与门口内外打扫干净了；三是老年人床上用品整洁了；四是老人过生日，孩子们都到得齐了；五是家家户户生日宴，搞得隆重有氛围，老人幸福了；六是村民更加理解支持村‘两委’工作了，村庄和谐了。”村党支部书记表示，下一步将继续大力推动中华优秀传统文化在北孙村生根发芽，增强为村民服务的意识，努力推动我们北孙村从环境到人文、从生产到经济全面发展，并且对率先给老人举办生日宴的九个家庭给予高度评价与表扬。

我与妻子坐在会场，内心充满了羞愧与不安，羞愧的是对不起书记的表扬，不安的是没有给母亲过一个像样的生日，对不起老人。

今年母亲忌日，我与妻子在收拾过忌日的物品时，边收拾边流泪，三弟与小妹故作镇静地问我俩：“大哥大嫂，想哭到坟上哭不好吗？”我和他俩说：“三弟五妹，今天是咱娘忌日，也是咱娘 79 岁生日，我是想起了去年过生日的情景，当时拍的合影照还挂在墙上，感觉到我们做子女的对不起母亲。”说到这里，我用手指了一下挂在墙上的合影，母亲依然微笑着用慈祥的目光注视着我们，但这张合影上面唯独缺了三弟和五妹两个人。三弟和五妹听我说到这里，便彻底破防，开始大哭，口中喊着：“娘，我对不起你！”从家中开始走，至上坟归来也没有停下。

有道是：乌鸦尚有反哺之义，羔羊仍有跪乳之恩，树欲静而风不止，子欲孝而亲不待。愿所有人不要像我一样，成为心中怀有不孝之感、自责之感的人，应珍惜当下及时尽孝，不要留下终生遗憾，悔之晚矣。

家风引领　教育同行　共筑成长之路

王誉萍

正家风，扬国风，家风是一种无言的教育。良好的家风，犹如一座巍然屹立的灯塔，指引着人们成人成才的正道。

我的曾祖父是私塾先生，从小学习特别刻苦，十六岁便独自开私塾，许多学生的年龄比他大，所以不听从管教。为了让这些学生听话，曾祖父就和他们比赛背书，从四书五经中随便挑选一本，学生们还没读完，曾祖父就已经一字不漏地背出来了，甚至具体到每一个段落和典故，他都了如指掌，所有学生对曾祖父很是佩服，也愿意跟着小先生学习。学生们不知道的是，曾祖父从小就已经把《三字经》、《百家姓》和四书五经背得滚瓜烂熟了。

曾祖父看到众多乡亲们因为家境贫困，即使生了病，也不去医院看病。他特别心疼，决定利用业余时间学习中医。他白天在私塾教学，晚上到邻村一位老中医那里学习，经过刻苦学习，已经基本掌握中医知识。从此，他成为大家的“健康卫士”，乡亲们花很少的钱就能治好病。只可惜曾祖父二十七岁就去世了，但他刻苦好学、乐善助人的高尚品格，至今仍被乡亲们传颂，也作为我家的家风传承下来。

爷爷这一代继续身体力行传承着好家风。曾祖父去世时，爷爷九岁，二爷爷三岁，年幼的爷爷便挑起了全家生活的重担。站土坯上用辘轳打水、抡起斧头劈柴、砌和自己差不多高的土墙……这些成年人才能干的重活，年幼的爷爷照样干。爷爷只在曾祖父活着时上过两年私塾，文化基础薄弱，但他没放弃学习，在繁重的劳动之余，自学了记账、黄烟种植、烤烟等技艺，在村里先后干过民兵排长、榨油厂和麻袋厂厂长等工作，还被公社聘为黄烟技术员，义务指导乡亲们种植黄烟。

二爷爷是在初中二年级时当的兵，到部队后，他训练和学习都非常刻苦，年年立功受奖，还如愿考上了军校。在军校学习期间，二爷爷所有专业课成绩都是满分，大家都对他竖起了大拇指。我知道这件事后，也觉得不可思议，就跟二爷爷求证。他说："我好不容易考上军校后，才知道全师只有我是以初中学历考上的，我的基础差，只能靠刻苦学习，才不会被别人落下。两年军校，我没有歇过一个礼拜天，每天除了训练就是学习，丝毫不敢懈怠，这些满分就是这么来的。刻苦好学，是你曾祖父留下来的传统，要传承下去啊！"自豪之情，溢于言表。二爷爷在部队期间表现优异，连续三年被评为"五好"战士，荣获三等功一次，受大军区通令嘉奖一次。

爸爸这一代人仍然传承了勤思、好学、做好人的家风。我的大伯从军 5 年，11 次获嘉奖，退伍回乡后，一直担任村党支部书记，至今快 40 年了。他通过多种形式的学习，各方面素质得到明显提高，跟上了时代步伐，带领村民发展生产、建设美丽乡村，把我们村建设成了乡村文明、村容整洁、村民富裕、邻里和睦的省级文明村。他也荣获了"山东省敬老模范""优秀农村党组织书记""寿光市最美基层干部"等荣誉称号。2022 年 3 月，寿光市委组织部把他作为农村党支部书记"党建引领乡村振兴"先进典型，成立"王向民书记工作室"。

我爸爸从一名农村孩子通过自己努力学习，考上大学，现在是高级工程师。他对工作特别认真严谨，从事工程造价咨询工作三十多年了，经他预算审计的工程也有几百个了，造价也有几十亿元，但从来没有出现过高估冒算、审核不严的情况。他秉承"清白做人、干净做事"的做事风格，严格把关，认真审核，不管是给审计局审计，还是给开发商或者其他建设单位审计，他从来没有出现吃拿卡要的行为。他出具的审计报告不管经过几级部门审核，从来没有出现任何审计质量问题，受到了审计局和业主单位的一致好评，累计为国家和业主节约资金几亿元。他连续多年被评为“先进工作者”，2007 年还光荣地加入了中国共产党。2015 年，他被潍坊市国有资产监督管理委员会聘为外部董事，因为工作认真扎实，至今仍然在履职。2022 年 3 月，他被潍坊市涉案企业合规第三方监督评估机制管理委员会聘为“潍坊市涉案企业合规第三方监督评估机制管委会第一批专家库成员”。

再后来我结婚组建了自己的家庭，我的婆婆用她的实际行动诠释了何为真正的孝顺，也成为我学习的榜样。记得丈夫说过小时候自己的奶奶身体不好，行动极为不便，需要人时刻照顾。婆婆身为医生工作很繁忙，但依然每天不辞辛劳地为奶奶买菜做饭，擦洗身体，倒便池，无论严寒酷暑，从未间断。她一边要上班工作，一边要照顾老人和孩子，可她从没有一句怨言。有时，奶奶身体不适需要住院，婆婆更是忙前忙后地时刻守在医院，确保奶奶得到最好的照料。婆婆常说：“老人长寿，也是一种福气。”她的这份孝心，深深地感染了我，同样也得到了社会的认可。她先后获得了“寿光市卫生系统先进个人”“潍坊好人”“山东好人”等荣誉称号，2017 年 7 月，光荣入选“中国好人榜”。

这些宝贵的家风传统如同灯塔，照亮了我的人生轨道，也深刻影响了我作为教师的教育理念。在教学中，我认真钻研教材、课程标准，力求吃透教材，找准重点、难点，根据教材的特点及学生的实际情况设计教案。在课堂上我始终秉持严谨、负责的态度，用深入浅出的方式将知识传授给学生，让学生们在轻松愉快的氛围中汲取知识的养分。注重培养学生的思维能力和创新精神，鼓励他们勇于探索、敢于尝试。这种对教育的执着与热爱，正是家风中对知识追求的延续和勤奋进取精神的体现。

学高为师，身正为范。我经常告诫自己：要求学生做到的自己必须先做到，用自己的一言一行为学生做出表率，用自己的人格魅力去感染学生、影响学生，用自己的言行潜移默化地涵养学生的品行。治学先治人，凡事德为先。我常常与学生谈心，寻找他们身上蕴藏的闪光点，激励学生发挥自己的优势，通过班集体的力量，大家互相关心，互相照顾，使其感到集体的温暖。记得有一个叫恩泰的学生，他上学期成绩非常好，但是到了下学期莫名其妙地不愿意学习了，考试成绩一次比一次差。我知道他非常喜欢篮球，放学后我把他叫到篮球场，从篮球明星的熠熠星光谈起，谈到熠熠星光背后的艰辛汗水，又说到每个人要成功需要付出什么样的努力。最后恩泰说：“我懂了，老师，我明白你的意思，知道你关心我，你放心，今后看我的行动吧。”从那以后，恩泰的表现越来越好，成绩也有了显著的提高。

我深知，每一个孩子都是一块待雕琢的璞玉，需要精心呵护与引导，需要温暖的鼓励和支持，就如同我的家风也一直鼓励着我不断追求进步。家风传承，不仅是血脉的延续，更是一种精神的传递。我希望以自己的言行诠释家风的力量，成为学生们前行道路上的明灯。用爱与智慧，在教育的田野里辛勤耕耘，让家风传承的花朵在学校中绽放出绚丽的光彩。

家是最小国，国是千万家。家风正，则民心淳；民风正，则社稷安。良好的家风不仅是有形的模仿，更是无形的塑造，弘扬好家风，传承好家训，一起做“优良家风”的传承者、建设者和实践者！

第四章
基层治理

弘扬中华优秀传统文化　挽救离婚家庭

寿光市妇联

近年来，寿光市遇到了离婚率持续升高的社会问题。对此，市委、市政府及全社会非常关注，自 2017 年开始，寿光市组建了婚姻家庭志愿者辅导中心，对离婚夫妻开展婚姻家庭辅导工作。到 2024 年年底，8 年时间共接待协议离婚夫妻 20544 对，劝和 10095 对，劝和率 49%，让一万多个即将破碎的家庭重归于好，让一万多名儿童继续在完整的家中成长。

一、离婚率持续升高的原因及危害

近年来，我国的离婚率不断上升。据调查，寿光市 2000 年协议离婚 174 对，2016 年 1651 对，16 年增长了将近 10 倍，由此带来了严重的社会问题。一是离婚夫妻生活苦闷。夫妻离婚后，绝大多数不管再婚与否均陷入痛苦生活中。同时，双方的父母老人也陷入苦闷生活中。二是孩子成长受到严重影响。离婚夫妻中，99% 以上有孩子，并且多数为未成年人，孩子的家庭教育存在严重问题。孩子的人格容易扭曲，有的走向犯罪道路。2015 年，我们到潍北监狱探望寿光籍犯罪青少年，发现 40% 的犯罪青少年父母离异。三是影响社会文明和谐。

导致夫妻离婚的原因主要有四个方面。一是中华优秀传统文化教育缺失。由于中华优秀传统文化、中华传统美德教育缺失，许多夫妻不了解夫妻之道，因此各不尽责，矛盾百出。年轻夫妻不懂如何经营家庭，有的夫妻从小被父母溺爱，成为长不大的孩子，结婚后生活一塌糊涂，缺乏责任与担当，遇事不会处理，因为一点小事就选择离婚，成为离婚大军中的“主力”，占到离婚总数的59%。此外，“婚外恋”导致夫妻离婚的比例也越来越高，据不完全统计，因第三者插足引发的离婚约占离婚总数的31%。二是西方文化影响。改革开放后，受西方文化的影响，传统的婚姻家庭观念受到冲击，忠贞不渝的爱情观被冲淡，部分人对离婚不以为意。三是婚姻感情根基不牢。有些年轻人把终身大事视同儿戏，感情基础薄弱，离婚率较高，约占离婚总数的14%。四是女性对家庭和男性的依赖程度降低。随着国家对女性的重视，男女平等进程相对加快，女性在学习、工作、政治等方面取得了长足进步，很多女性经济独立，社会地位也有了很大提高，已不再需要依附家庭和男性才能生活。婚后很多男性受传统观念影响，只顾自己发展，不做家务，而女性同时肩负着工作和家务的双重负担，久而久之，难免会产生“凭什么我也养家还要我做家务”的怨气。所以很多女性在婚姻里受到委屈，可能会离婚，追求属于自己的生活。据调查，女性提出离婚的占65%左右。

二、婚姻辅导的主要做法

（一）加强组织建设，组建志愿者队伍

寿光市关工委于2015年倡导成立了中华优秀传统文化宣传教育中心，组建了160人的志愿者讲师团，经过培训、自学，人人都能登台宣讲中华优秀传统文化。志愿者讲师团的同仁通过学习中华优秀传统文化，增强了社会责任感，增强了关爱他人的善心，自我加压，自我担责，决心为挽救离婚家庭做些工作。2017年1月，在市委、市政府领导的支持下，我们以志愿者讲师团成员为骨干，组建了寿光市婚姻家庭

志愿者辅导中心。由市委副书记挂帅，市关工委主任、副主任为领军人，妇联、民政局、法院等部门参与。我们广泛宣传发动，通过媒体向全社会招募志愿者，吸收热心公益事业、热爱家庭生活、善于沟通调解、有一定法律知识基础的爱心人士参加。招募启事一发出，就得到了全市社会各界的大力支持和积极响应，共有 80 多名志愿者踊跃报名，至今已发展到 360 多人，既有市人大、政协退休的老干部，又有教育、司法、卫生等部门干部职工和个体工商业者，其中，超过 50 岁的志愿者占到总人数的三分之二，女性志愿者占 75%。

为提高调解工作水平，我们先后 20 多次对志愿者进行了培训，邀请中华优秀传统文化专家及婚姻调解专家来讲课。我们还建立了“幸福家庭”志愿者微信群和小组群，互帮互学、交流经验，为开展工作奠定了有人办事、有能力办事的基础。

（二）建立制度，工作规范运行

一是我们将全体志愿者划分为 20 个小组（每组 15 人），选出组长、联络员。在民政局离婚登记处工作日期间，均有一个小组人员值班，设 8 个辅导室，对前来办理协议离婚的夫妻进行调解，常年不间断（每个小组每月值班一天）。值班前，各组的组长、联络员提前下发值班通知，确定参加人员。若参加人员比较少，就近三个小组为一个互助单位，向互助小组请求帮助，或到“幸福家庭”志愿者微信群中请求支援。志愿者值班时，提前 15 分钟到岗，召开班前会，对人员进行排序分工。

二是建立学习交流制度。我们建立了“幸福家庭”志愿者微信群，各小组建立小组群，中心通过微信群下发相关工作要求。安排专人通过微信群，组织学习法律法规和中华优秀传统文化。每天值班结束后，联络员通过微信群向全体志愿者通报工作成果、畅谈工作心得、交流调解技巧，共同学习提升。

三是规范服务制度，制定服务宗旨、服务形式和志愿者行为规范。我们制定了调解工作制度，提出了登记备案、分组调解、首席负责、尊重当事人意愿以及跟踪回访、保护隐私等要求，确保了调解工作合法合理合规，细化和完善了工作台账，一天一记录，一月一总结，推动工作走向制度化、专业化、规范化。

（三）细化工作流程，运用中华优秀传统文化高效率开展调解

我们提炼总结了“引导分流，耐心倾听，判断辅导，跟踪回访”四步走工作流程。

第一步：引导分流。对每对前来离婚的人员，引导到婚姻辅导室；两名志愿者帮助填写《婚姻家庭辅导工作记录表》。

第二步：耐心倾听。志愿者耐心倾听当事人的离婚事由和诉求，先让夫妻面对面诉说，之后再分开了解，让他们把想说的话全部说出来。全面了解离婚原因，找出问题症结。

第三步：判断辅导。志愿者通过倾听了解，依法、依理、依情做出基本判断：是离是合，然后因人而异，做细致的辅导工作。

在婚姻辅导工作中，我们立足中华优秀传统文化，进行辅导调解。要解决当下的婚姻问题，需要从中华优秀传统文化中寻找答案。中华优秀传统文化具有巨大能量，是中国人的“精神食粮”，是民族的根和魂，是婚姻家庭的基石。对判断不需离婚的夫妻，志愿者从中华优秀传统文化角度对其教育引导，对症下药，劝其和好。在辅导工作中，大家注重以下三点。一是夫妻定位要正确。传统文化中夫阳妻阴，夫刚妻柔，丈夫顶天立地，创业担当，妻子相夫教子，孝敬公婆，等等，是夫妻和谐的准则。夫妻在政治上平等，在家庭生活中各有其位，各行其道，则家和万事兴。若错位失职，则诸事不顺，夫妻不和，最后走向离婚之路，若再结婚，易重蹈覆辙。二是为孩子的成长负责。父慈子孝，母子（女）情深，父子（女）义重。父母生育了孩子，就要养育他们长大，教育他们成人，孩子懂事后，就知孝敬父母，为社会做贡献，这是中华民族的传统美德。夫妻为自己一事之忧、一时之快而离婚，不顾念孩子的成长成才，那么不仅会毁了孩子的一生，也会给自己带来遗憾，更会对社会产生不良影响。三是尊重父母的意见。孝敬父母是每一个子女的人性体现，父母挂念孩子是天性所在。父母为孩子的成长付出人力、物力、财力，子女的婚姻之事是父母的大事，经营好婚姻一定程度上也是孝敬父母，离婚会给父母带来极大伤害，所以每一对离婚的夫妻要认真考虑父母的意见和感受。实践证明，用中华优秀传统文化教育离婚夫妻会收到事半功倍之效，能让他们恍然大悟，大彻大悟，从此走向幸福之路。有一个妻子，两个孩子都由婆婆带大，但不知孝敬婆婆，也不知尊重丈夫。夫妻来提出离婚，经志愿者两个多小时的辅导，妻子幡然悔悟，回家拉着婆婆的手，边哭边检讨，说过去都是自己的错，不懂妻子之道，不懂孝道，今后会改过做一个好媳妇。

第四步：跟踪回访。对已劝和以及处于犹豫期的待定离婚夫妻，及时建立档案，事后通过电话、微信或登门走访等方式，进行跟踪回访，巩固劝和成果。

（四）将婚姻家庭辅导工作前置

在婚姻家庭辅导工作中，我们既有劝和众多夫妻不离婚的喜悦，又有对离婚人数居多产生的担忧。大家深切地感到，有些夫妻道德素养低，不离婚难免矛盾百出，生活难以幸福；即便离了婚，不管再婚与否，也难以生活幸福。为此，我们研究，在继续做好离婚夫妻婚姻辅导工作的同时，将婚姻家庭教育工作前移，即到农村、企业、学校，宣传学习中华优秀传统文化，提高青少年道德素养，树立良好的人生观、爱情观、家庭观，打牢婚姻家庭的道德思想基础，确保婚姻美满、家庭幸福、社会和谐。为加强夫妻道德教育，我们于2023年创新开展了结婚证颁证活动。对前来领取结婚证的夫妻，隆重地给他们举行颁证仪式，让他们宣读结婚誓词，颁证员给他们致辞，提出孝敬父母、夫妻和睦、教子成才、爱岗敬业等要求。此举得到了社会赞扬，有的夫妻在宣读结婚誓词时，激动地落下泪花，说受到了一次深刻的伦理道德教育。

（五）弘扬志愿精神，筑牢幸福婚姻最后防线

在辅导工作中，每位志愿者都用善心、爱心和恒心工作。志愿者以“一切为了家庭幸福社会和谐”为宗旨，本着“依法、自愿、保密、志愿”的原则，怀着关爱他人、关爱社会的友善之心，发扬无私奉献的志愿精神，不怕艰辛，不计报酬，满腔热情地对待每一对离婚夫妻。调解过程中，志愿者遵之以法，动之以情，晓之以理，尽最大努力维护家庭完整。有的志愿者顶着当事人的不理解和骂声，不离不弃，靠着耐心、恒心与爱心调解成功。有的志愿者先后5次到距离20里路外的夫妻家中做工作，直到他们口服心服。有的老龄志愿者夏天顶着烈日，步行到附近村子走访调解成功的夫妻。正是志愿者的无私付出与爱心诚心，挽救了很多走在离婚边缘的家庭。通过参与婚姻调解，志愿者队伍化人先正己，人人努力争做好妻子、好儿媳、好丈夫、好女婿、好母亲、好父亲，帮助他人收获幸福的同时自己收获快乐。

（六）部门社会联动，为幸福家庭保驾护航

市委、市政府高度重视寿光婚姻家庭辅导工作，安排专项资金，解决值班交通费、餐费问题。市关工委将婚姻辅导作为关心下一代的重要抓手，主任、副主任带头值班。市妇联将婚姻辅导作为一项重要工作纳入议事日程，把辅导中心作为了解基层、服务家庭、维护妇女儿童合法权益的重要窗口，机关干部全部参与，并组织全市968个村（社区）的妇联主席带一名助手到婚姻家庭辅导室（每天一个村），让他们学习婚姻辅导知识，回村（社区）做好婚姻家庭矛盾调处工作。市司法局组织律师到婚姻家庭辅导室值班，提供法律服务。市融媒体中心多次进行宣传报道，通过各部门的协同配合和志愿者的艰辛努力，推进了婚姻辅导工作的健康扎实开展。

三、婚姻辅导取得明显成效

婚姻家庭志愿者辅导中心自成立以来，通过认真积极工作，已取得了初步的成效。2017 年，共接待要求离婚的夫妻 2145 对，劝和 708 对，劝和率达 33%，寿光市离婚夫妻数量 17 年来首次出现回落。随着志愿者辅导水平的提高，每年的劝和率不断上升，2024 年，接待拟离婚夫妻 2381 对，辅导后不离的 1391 对，劝和率达 58.4%。近三年来，寿光市的离婚率均为 1.2‰。婚姻家庭辅导工作开展后，表面上是离婚的人数少了，但深层的是人们的思想道德提升了。

一是和好的夫妻走向家庭幸福。对提出离婚的夫妻，在志愿者的辅导下，表示和好，并找出了夫妻不和的原因和责任，各自表态努力改正自己的缺点不足，过好今后的日子。他们的子女避免了失去一方亲人，双方父母也皆大欢喜。有的丈夫说："自己过去缺乏顶天立地的男子汉气魄，好吃懒做，差点把妻子逼走，今后痛改前非，经营好幸福家庭。"有的妻子说："过去自己不知妻子应该做什么？不尊重丈夫，不会孝敬公婆，不会做家务等，这是任何一个丈夫所不容忍的，我要感谢婚姻辅导中心的志愿者，我要改过，做一个好妻子、好儿媳、好母亲。"有的夫妻受到志愿者的感染，申请加入志愿者队伍，有的夫妻还与志愿者成为好朋友。

二是办理离婚手续的夫妻虽然离婚了，但是也受到了一次婚姻家庭知识的教育，找到了自身在婚姻中的弱项和缺点，为今后的人生幸福吸取了教训和经验。

三是正己化人收获快乐。婚姻家庭志愿者辅导中心的全体人员虽然工作艰辛且无报酬，但人人感到发自内心的快乐。大家本着关爱他人、关爱社会的友善之心，满腔热情地对待每一对离婚夫妻。他人收获幸福，自己收获快乐。

四是引起了社会各界的支持和赞扬。越来越多的人关注婚姻家庭，越来越多的人加入婚姻辅导志愿者的行列。潍坊市妇联在寿光召开了现场会对这一做法进行推广。山东省民政厅在全省婚姻登记会议上推广了寿光婚姻辅导的做法。山东省民政厅与妇联于 2018 年 5 月联合发文，要求全省各县市区都要成立婚姻家庭辅导队伍，省财政支持建立辅导室。2019 年，寿光市婚姻家庭志愿调解中心被省委老干部局评为“全省最美老干部志愿服务组织”。全国妇联维护妇女儿童权益调研小组也到寿光进行了调研，给予了好评。中国关工委主任顾秀莲 2019 年 5 月份来寿光考察后，对此给予了高度赞扬。

恋爱、婚姻、家庭幸福基本条件探微

王茂兴　纪明花

寿光市婚姻家庭志愿者辅导中心自2017年成立至2024年年底，8年共接待协议离婚夫妻20544对，通过志愿者们逐一辅导，有10095对和好，有10449对离婚，和好与离婚之比为49∶51。纵观这些提出离婚的夫妻，家庭情况各不相同，离婚理由各不相同，但忧伤、烦躁、无奈的神情是相同的。志愿者们通过一个个离婚案例看到，夫妻离婚前和离婚后生活都非常不容易、不幸福，双方矛盾重重，苦不堪言；双方父母伤心；子女堪忧，有的甚至走向犯罪的道路，增加了社会不和谐因素。大家都在思考讨论一个话题，即恋爱结婚的条件是什么？是什么导致婚姻家庭不幸福和婚姻破裂？本文对此做一初探，以期对恋爱者、结婚者的恋爱、婚姻、快乐、幸福有所帮助。

男女恋爱、结婚以及家庭幸福是有条件的，其基本条件归纳为以下四个方面。

一、双方彼此接受的客观条件

男女青年先相识后相恋，相识有两种情况。一种情况是他人介绍。介绍人综合平衡了双方的客观条件，主要有年龄、颜值（包括面相、身高、体型等）、学历、工作单位、岗位及收入、父母家庭情况（经济条件及政治地位）等方面，认为合适，方才介绍。以这种方式相识而相恋结婚的夫妻，在20世纪80年代之前，占比90%以上，现在占70%左右。另一种情况是自己相识。如同学、同事、同村，在日常生活、学习、工作交往中，双方互相了解个人及家庭情况，权衡各方面条件，彼此接受而相恋、结婚，这种婚姻绝大多数是牢固幸福的。现在也有因偶遇、网络而认识，这种情况往往是一见钟情，形成热恋，但忽略客观条件，其结果是多数走不到婚姻殿堂而终结。有的即便结婚，夫妻对遇到的问题和矛盾也难以解决，生活幸福指数不高。

客观条件在恋爱婚姻中呈现出三种情况。一是彼此相当。男女双方的颜值、学历、工作、家庭等都差不多，彼此接受，这也称为门当户对。二是条件互补。客观条件中，双方都有优势和劣势，但互补而接受。如有的一方长相一般，但个子高、体型好，对方接受，反之亦然；有的学历一般，但工作单位和岗位好，或有前途，或收入高，对方接受，反之亦然；有的个人条件好，但父母家庭条件较差，对方接受，反之亦然。三是差距过大。在 20 世纪 80 年代以前，有些夫妻存在客观条件差距较大的问题，之后，年轻人谈恋爱一般不会出现客观条件差距太大的问题。特殊家庭出现差距过大问题的，如年龄、学历、家庭条件悬殊，让有的夫妻产生主仆感、依附感，导致婚姻家庭失衡，形成潜在危机。

双方彼此接受的客观条件是恋爱婚姻的基础，无此基础则不能进入恋爱婚姻。有极少数痴情男女，不顾客观条件的差距，而一味追求自由感情，往往酿成一杯生活苦酒。

一个身心健康的人成年（18 周岁）后谈恋爱，达到法定年龄后结婚，建立家庭，生育子女，夫妻承担起相应的家庭责任，并为之努力付出，这是人类生存延续的法则。谈恋爱是为了结婚，结婚建立家庭必须具备一定的客观物质条件（基本的吃、住、行等），如有生活物质保障、有经济收入养育孩子，等等。这种基本的物质生活条件，有的来自夫妻两人或一人的劳动收入，有的来自一方或双方家庭的帮助。多数家庭是夫妻有稳定的劳动收入，婚前父母给予帮助，如买房、买车等，婚后依靠自己劳动收入生活。有少数家庭的主要经济支出婚前婚后都靠父母，这样的家庭容易产生矛盾，出现婚姻危机。也有极少数男女青年，自己不工作无收入或收入很低，家庭生活支出靠啃老，还有人高档消费谈恋爱，对婚姻和人生无规划，只享受今天恋爱的甜蜜，不考虑以后婚姻家庭的消费需求，一旦进入婚姻家庭，柴米油盐便打倒大丈夫。因此，男女青年要十分警惕，不做这样的人，不与这样的人谈恋爱。

二、双方认可的道德素养

道德素养的相同或相近，是男女恋爱向深处发展，直至结婚，走向家庭幸福的决定因素。男女双方在恋爱过程中，心想到一处，劲使到一处，遇到事情的处理方式一致，两人自然而然地走进婚姻，建立家庭，并且生活幸福。其决定因素是双方的世界观、人生观、价值观，也就是两人的道德素养相同或相近，是内化于心的道德素养和外化于行的通情达理。一个人的道德素养高低，很大程度上取决于父母、家庭的教育，家教家风对子女的道德习惯形成起基础性、决定性作用。谈恋爱时，了解对方家庭家风是必要的，“门当户对”的主要内涵是家风门当户对。

改革开放以来，经济社会迅速发展，精神文明建设也同步推进。与此同时，受西方文化的影响，人们的思想变得活跃且多元。特别是20世纪80年代后出生的独生子女一代，他们的父母实干能力强，成功摆脱贫困，为家庭创造了较好的生活条件，但在子女教育方面普遍有所欠缺，表现为宠爱有余而严格教育不足。这导致部分子女在思想道德方面不同程度地出现问题。道德素养层面的问题在离婚现象中有所体现，主要呈现出以下类型。

（1）自我意识主导型。有些青年人从小在父母的溺爱下形成了唯我独尊、颐指气使的习气。恋爱期间虽有所收敛，有所忍耐，但一旦结婚，各现出原形，女的盛气凌人，男的也不依不饶，导致矛盾不断。例如，遇到节假日、过生日等事，一方给另一方设想了应有的言行，一不满意，就打冷战和热战。遇到矛盾问题时，此表现更突出。夫妻间，己所不欲勿施于人固然重要，但己所欲要慎施于人，也十分重要。

人非圣贤，孰能无过。人与人皆有差别，不能等同，夫妻之间也如此。男女双方要正确认识自己和对方的优点、缺点及不足，要做到包容对方的缺点和不足，力所能及帮助其改正，这是人皆应有的容错、纠错能力。同时注意改正自己的缺点和不足，不断提高自己的道德素养。父母能包容迁就子女的缺点不足，但配偶绝对不会也不该像父母那样包容和迁就，若不明白这一点，就会很难得到婚姻家庭幸福。

（2）自我享乐型。有些青年男女从小在父母身边形成饭来张口的生活习惯，一旦结婚，十分不适应，还按过去的方式去生活，就会出现生活矛盾。例如，有的丈夫习惯于自己与朋友喝酒、打牌，不管家中妻子操持家务、务工、种菜、抚养孩子等；有的妻子好吃懒做，依靠公婆、丈夫做饭，自己高消费，等等。

（3）不通情达理。中华民族是重感情、重礼节、重家庭的民族。人与人之间的感情，古圣先贤归结为五伦大道，即父慈子孝、兄友弟恭、夫妇有别、君臣有义、朋友有信。对此，我们的中华优秀传统文化做了具体详尽的叙述论说，但是因种种原因，多数人缺少了这一课的学习教育，思想深处缺乏这些天天必用的道德素养，表现出了家庭生活及社会交往的不和谐。例如，有的年轻妻子不懂孝敬公婆，对公婆不尊、不敬、不孝，甚至打骂、虐待；有的夫妻不懂家和万事兴，互不尊重，经常发生冷战、热战；有的夫妻不懂教子之重要，不会教，致使子女成为问题孩子；有的夫妻不会处理兄弟妯娌关系，致使大家庭不和谐，等等。

中华民族是礼仪之邦，从古至今形成了一套社交、工作、生活等诸方面的礼仪，这是社会运行、家庭和谐的重要规范。但是，很多年轻人缺少这方面的素养。例如，有的见了父母老人不知施礼问候，更无感恩回报的意识和态度表达；有的对兄弟姐妹之间、朋友之间缺乏礼尚往来；有的在公共场所大喊大叫，等等。

（4）感情出轨。由于中华传统美德的传承与培养力度不足，再加上受西方强调自由等文化的影响，特别是西方家庭伦理相关电视剧、电影的传播，致使一些人的婚姻家庭观念发生了转变。曾经忠贞的爱情观以及牢固的婚姻家庭观念逐渐淡化，取而代之的是恋爱与婚姻观念的自由开放。在现实生活中，这表现为部分人闪婚闪离，还有的婚后一方或双方出现感情出轨的情况。

三、双方产生一定程度的爱情，婚后爱情转变为亲情

何为爱情？爱情是男女间产生的爱慕对方的依恋之情。其内涵既有道德素养的相同相近，又有生理激素作用产生的对异性的渴望渴求。男女双方在互相认可对方的客观条件和道德素养的过程中，因异性相吸，必然产生爱情。在20世纪90年代以前，由于信息相对闭塞，且当时社会氛围较为传统，青年男女之间接触较少。在“男大当婚，女大当嫁”的观念影响下，经介绍人综合考量双方客观条件后牵线搭桥，多数男女经介绍结识后便结为夫妻，在婚后共同生活的过程中才逐渐培养出感情。夫妻对爱情向往少，且淡薄简单，有的甚至未感觉到爱情，很快生儿育女，但婚姻家庭稳定。20世纪80年代及以后出生的人，成长的物质生活条件及文化信息条件都比较好，加之开放的西方文化影响，恋爱

双方追求爱情，因爱情而热恋结婚。

爱情带有浪漫、痴迷的特质，恋爱中的双方都有展现自身优点、塑造良好形象、取悦对方的心理。例如，在约会前精心打扮，以最佳形象出现在对方面前，说话做事力求尽善尽美，在花钱方面也较为大方，甚至有时会超出自身经济条件进行高消费，这些都属于正常现象。两人结婚后，步入婚姻家庭的日常状态，彼此之间浪漫的元素逐日减少，刻意塑造良好形象的心思也逐渐消失，最终显露出原本的样子。因日常生活中会存在大量互帮互助、互相牵挂、共同努力去办好的事情，在这个过程中，爱情逐步转变成了亲情。专家称，绝大多数夫妻的爱情在 1 ～ 4 年内转化为亲情。这是正常现象，也是客观规律，只不过变化的感受不同，有的和缓，有的明显。现在有的夫妻，结婚后对于对方的变化不接受，认为对方是骗子，或认为对方是变坏了。难道自己没变吗？爱情是浪漫短时的，亲情是务实持久的，能到地老天荒。

四、双方接受的生活习惯、方式及兴趣爱好

青年男女相识后，彼此了解对方的性格、生活方式、习惯及兴趣爱好，是决定能否发展为恋爱关系直至步入婚姻殿堂的重要因素。部分男青年性格暴躁，或不善于语言交流，甚至存在酗酒、耍酒疯、赌博等不良嗜好，致使恋爱关系中断。即便有些结婚生子，离婚的比例也不容小觑。部分女青年爱对丈夫指手画脚，将丈夫当作奴仆使唤，令丈夫难以忍受，最终导致离婚，诸如此类情况并不少见。此类因生活习惯等问题导致离婚的夫妻占比 10%。

家庭幸福是每一个人追求的生活目标，幸福的家庭都是相似的，基本条件都是相同的。未结婚的年轻人要首先做个好人，其次，在接受的客观条件下，找个好人，然后恋爱结婚，幸福一生。好人是指有良好的

道德、一定的工作技能、健康的身心。已结婚的人，要不断学习，修身提高自己，认真地对待爱人。做到互相理解，互相包容，包容爱人的缺点和不足，并且帮助对方尽可能改正缺点和不足。切忌针锋相对，不容或放大对方的缺点和不足。已结婚的人还要做到不断帮助爱人提高，使双方在道德素养、生活习惯方面同频共振，和谐相处。防止一方不断进步，一方不进步或倒退，夫妻形成新的大的差距，造成新的不和谐。我们要牢记“修身齐家治国平天下”的古训，修身齐家是每一个人一生中做好的第一件事情，自觉修身，认真经营家庭，让家庭幸福。

坚持中华优秀传统文化与法治建设深度融合
全面夯实基层社会治理根基

寿光市司法局

近年来，寿光市司法局立足工作职能，积极探索将中华优秀传统文化融入法治建设、基层治理以及解决社会问题的新思路、新方法，努力引领良好社会风尚，构建和谐社会秩序，持续增强人民群众获得感、幸福感、安全感。2023年，寿光市获评“山东省法治政府建设示范县（市、区）”。2024年，寿光市司法局获评“全国组织宣传人民调解工作表现突出集体”。

一、坚持中华优秀传统文化与法治教育深度融合，让“崇德尚法”引领社会风尚

聚焦社会主义核心价值观融入法治建设，在工作中探索实施核心价值观培育和法治文化建设一体化推进，法德融合“软实力”逐渐成为发展“硬支撑”。

一是坚持“阵地共建”。积极探索法治文化与中华优秀传统文化融合的有效途径，将法治元素、道德规范、文化基因一体融入城乡广场公园、绿地、长廊、居民小区环境建设，让群众在潜移默化中信仰法治、崇德向善。目前已建成覆盖县镇村三级的法治公园广场、法治宣传栏、法治书屋等1000余个，形成“一镇一品”“一村一景”的法治文化圈。

二是坚持“法德同宣”。组建由司法行政干警、律师、基层法律服

务工作者、公证员等320人的“法润莱乡·德法同行”志愿服务团队，并划分为19支志愿服务分队，形成覆盖城乡的中华优秀传统文化和法治宣讲格局，通过开设德法宣讲课堂、设置法律咨询台、典型案例解读、法律知识问答等方式，提升公众法治素养，引领道德风尚。2023年以来，组织开展进村居、进学校、进企业等中华优秀传统文化和法治宣讲1300余场次。

三是坚持“文化融合”。将非遗文化与法治元素融合，创作法治葫芦雕刻、草编、香包、乡绣、蛋雕等非遗作品，推动法治文化融入“非遗文化”，用“老传统”走普法“新路子”。同时深入开展法治文化进乡村、法治文化作品征集、法治文化赶大集等活动，发布“莱晓法”等案例普法卡通形象，并结合地域特色将法治元素融入本地乡土文化，深度发掘和宣传寿光王猛、张标等古代法治人物故事，以法治文化浸润人心。

四是坚持“法德共治”。推动文明城市、文明村镇、文明单位、文明家庭、文明校园与民主法治示范村（社区）创建，“村居法治副书记选聘”“法律明白人培育”“学法用法示范户评选”活动一体部署、一体推进，目前选拔培育“法治带头人”2121人、“法律明白人”3265人、学法用法示范户1938户。深入推进“法护美好生活”“法进家庭”“法润村居”等主题活动，实现法治宣传教育与社会主义核心价值观并轨共进，在社会治理中厚植中华优秀传统文化，用法治文化优化基层社会生态。

二、坚持中华优秀传统文化与社区矫正深度融合，让“立德修身”照亮自新之路

探索社区矫正新途径、新模式，在严格日常监管的基础上，将中

华优秀传统文化引入社区矫正管理，引导社区矫正对象守规矩、知礼仪、懂感恩、明事理，树立正确的人生观、价值观，取得了良好的社会效果。

一是实施“队伍一体化下沉”。从中华优秀传统文化宣讲团和优秀法律工作者中选聘了157名普法宣传员，与司法所结对共建，成立了15支镇街“法德共进”宣传队伍，发挥中华优秀传统文化宣讲和法律知识普及优势，常态化协助司法所开展社区矫正对象教育管理，推动社区矫正工作从原来单纯的“管”到现在的监管教育、心理矫治、自我认知、社会认同的转变。2023年以来，面向社区矫正对象开展“法德共进”宣讲活动120余场次，线上经典诵读活动700余期次，社区矫正对象中华优秀传统文化教育实现了全覆盖。

二是实施“中华优秀传统文化全过程融入”。将中华优秀传统文化融入社区矫正对象入矫、监管、解矫以及安置帮教全过程，着力推动社区矫正对象道德修养和法治素养双提升。让中华优秀传统文化成为入矫“第一课”，专门收集《了凡四训》《孝经》《孟子》等相关经典视频和资料，形成系列中华优秀传统文化教育专题片，新入矫人员在报到时集中观看学习，接受中华优秀传统文化教育。让法德教育成为在矫“必修课”，各司法所根据各自实际，制订社区矫正对象“法德共进”宣讲活动计划，确定宣讲主题，结合常规学习计划，每月至少组织一场中华优秀传统文化专题宣讲，提升矫正效果。

三是实施“教育矫正多元化参与”。紧扣“矫正质量提升”主题，让中华优秀传统文化成为助推社区矫正对象重塑自我、融入家庭、回馈社会的“助推剂”。在矫正内容上，融入孝亲典型、诚信故事、传统文化典故等典籍故事，让学习更有趣味性、更能激发共鸣。在资源整合上，与公安局、人社局、社会福利中心等部门联合，引入社会教育资源，成立中华优秀传统文化教育、红色教育、社会公益劳动教育等实践基地，通过公益劳动、志愿服务增加社区矫正对象的参与感和价值感，提升社区矫正质效。

三、坚持中华优秀传统文化与纠纷化解深度融合，让“和谐种子”扎根乡村沃野

“无讼”作为一种理想境界或达到善治的手段模式，既体现了儒家传统文化“持中贵和”“中庸之道”的价值取向，也体现了古人对法律文化的思考和追求，是中华民族基于农耕文明特点而创造的一种社会治理的智慧和模式。近年来，寿光市司法局将中华优秀传统文化理念融入人民调解工作实践，引领调解员以中华优秀传统文化价值观作为矛盾调解的切入点，让纠纷化解事半功倍。

一是整合调解资源，变“一马拉车”为“万马驱动”。配强专职力量，从熟悉中华优秀传统文化的“五老”人员、派出所协警、基层法律服务人员中择优聘任 45 名专职调解员，充实到镇街矛调中心，综合运用法律、礼制、情理、劝和等传统方式坐班式调处矛盾纠纷。组建中华优秀传统文化调解专家库，从担任“两代表一委员”的律师、基层法律服务者和重点行业领域推选 39 名有一定传统文化涵养的调解专家，运用传统风俗习惯等指导参与复杂疑难纠纷化解。

二是创新调解机制，变“单一调解”为“联调联治”。立足“无讼”这一善治手段，将非诉讼纠纷解决机制置于优先位置，探索集约化调解纠纷新模式，创新“调解 +”社会力量参与机制，依托县镇两级公共法律服务中心（站点）打造“无讼超市”，整合律师、公证、法律援助、人民调解、行政复议、司法鉴定等资源入驻，吸纳中华优秀传统文化志愿者讲师和文化辅导员进入调解员队伍，承担非诉讼纠纷的接

待、分流、办理、督办、反馈、评价等功能，为群众提供矛盾纠纷化解“一站式”服务，源头减少不和谐问题发生；同时选派50名党员法官、律师、法律工作者等通过担任重点村“法治副书记”，每周到村开展孝道宣传、法律咨询、司法调解和诉讼指导等服务，把问题解决在村里、化解在萌芽。

三是实施多元共治，变“纠纷化解”为“源头预防”。探索“志愿服务+调解”模式，在城市社区组建130余人的“一家亲”志愿调解队伍，由热衷公益事业、有调解经验、责任心强的退休党员干部、社区群众、爱心人士等组成，划分30支调解小队，每队配备2～3名公益律师，定期开展法律法规、中华优秀传统文化等相关培训，综合运用中华优秀传统文化理念参与调处家庭矛盾、邻里纠纷、物业纠纷等“微矛盾”“小纠纷”，源头预防矛盾发生，真正实现了“小事不出楼栋、大事不出小区、难事不出社区”。

"了凡"入高墙　点燃新希望

李海梅

"命由我做，福自己求，一切福田，不离方寸，从心而觅，感无不通……"

每天早上整理完内务，每天晚上看完《新闻联播》，在寿光市看守所各个监室里，就响起了《了凡四训》《弟子规》的诵读声。组织在押人员学习经典，是寿光市看守所对其进行思想道德教育的一个具体措施。

这些经典教育是如何进入寿光市看守所的？他们推广《了凡四训》《弟子规》学习，又发生了哪些可喜变化？

一、一封信

2020年6月24日，端午节的前一天，寿光市看守所管教干警到监室检查，看到一位三十多岁的汉子，在窗户前默默地流泪，这是位很要强却不知悔改的重刑犯。

"科长，你让我说说心里话吧，我以前感觉你们让我们背《了凡四训》《弟子规》，是在做表面文章，坚持不了多长时间。但这两年多一步步走过来，我终于理解了。我过去一直不认为我有错，现在才知道我确实错了，上对不起父母，下对不起孩子……"说着，这位重刑犯把自己写的一篇学习感悟交给了科长。

他在文章中这样写道："高墙铁网下，回首往事，所作所为，过恶猬集。昔日恶因，得此恶果。今囚于此，追悔莫及。从看守所到我家，地理上只有十几里的路程。而跨越这短短的十几里，却需要我付出十年的光阴。人世间最可悲的事莫过于此。咫尺距离，十年韶华，失去自由，仅仅能比死亡好一点，多一口气而已。刚进入看守所的那段日子，整个世界都是灰暗的。想到未来，更是一筹莫展，心中充满了怨气。就这样，浑浑噩噩、行尸走肉般一天熬过一天。

“直到后来，管教科长给我们陆续发放了《弟子规》和《了凡四训》两本圣贤书，并硬性规定，让我们每天上下午各进行半小时的诵读，整个看守所宛如学堂一般，充满了琅琅的读书声。由于个人文化水平有限，书中很多地方难以理解。管教科长又耐心给我做了详细的解释，我彻底理解了，自然就从圣贤书中汲取了积极向上的精神力量，我心中也变得豁然开朗起来。空间不再感到狭小，铁窗也限制不了自由向上的心，四周的其他在押人员也都在眼中变得和善起来。让我感到惊奇的是，他们从每天不情愿地朗诵，到后来积极主动，日复一日，在圣贤之书潜移默化的影响下，身边的环境悄然地发生了巨大变化。同监室的人们不再像以前那样一味地抱怨社会，不明是非地巧心力辩，而是学会了静思己过，并勇于直面过错。因为懂得了‘过能改、归于无、倘掩饰、增一辜’的道理。日常生活中，大家说话变得文明，做事变得礼让，秩序也逐渐变得井然有序，整个环境充满了一片祥和之气，就像《了凡四训》中讲到的，当一心为善，正念现前，邪念自然污染不上。如太阳当空，魍魉潜消。当每一个在押人员心中都放下屠刀，充满正念，炼狱便不再是炼狱，而是真正的改过向善之地。

“人生中的每一种经历都是修行，现在的我已然放平心态，不再像刚进来时，只急衣食，而是把这种经历当作修行，当作磨炼玉成之地，我将欢然受赐，何苦之有？也从圣贤书中学会了困中思变，学会了发耻心，知耻近乎勇，发畏心，敬天地鬼神，发勇心，舍旧图新。以此三心，直面困境，涅槃重生。”

30 来岁的张某，因犯罪被判刑十余年。进入寿光市看守所，他一开始表现出对社会的不满，认为社会黑暗、司法不公。人比较浮躁且态度恶劣，在监室内常常无事生非，明里服从管理，暗里对抗教化，故意怂恿别人违反监规。但是通过学习《弟子规》，特别是学习《了凡四训》，根据袁了凡先生的四训及管教人员的讲解，对照自己，他开始从心性上做到了改变，感觉到圣贤的教化，使其受益匪浅，他整个人对社会、对人生的态度也发生了转变。

这位年轻的重刑犯，起初对《弟子规》的学习没有看在眼里，从 2018 年开始，寿光市看守所在监室里推广学习《了凡四训》之后，通过诵读及讲解，他学进去了，并开始有了转变。他随口就能引用书里的内容，原文能接着背诵出来。因管教人员认真细致的讲解，也因中华优秀传统文化的力量，他真的变了。当他发现监室里有家庭特别困难的人时，开始主动地为他们提供衣服、食品；看到生病的人，他主动照顾；监室里偶尔有吵嘴的，他开始主动去劝解；主动帮管理人员开展工作，化解一些不稳定的因素；看到监室里有的人思想有顾虑的时候，他会主动去开导，思想工作做得相当不错。

二、十个鸡蛋

2018 年 12 月，寿光市看守所收监了一个 70 多岁缠访闹访老户汪某某。汪某某入所之后，自恃年老体弱、患有哮喘，又懂一点法律知识，破罐子破摔的念头特别强烈，认为管教民警拿他没有什么办法，所以他从入所第一天开始就采取绝食以及禁语的方式抗拒管理。

管教民警针对此人的特殊情况，首先给了他一本《弟子规》让其学习，然后不厌其烦地为其讲解孝悌忠信、礼义廉耻等中华优秀传统文化的要义及精髓，并告诉他，他的行为上愧对天地、下有愧于社会和国家，指出他自私自利、贪欲炽盛，所作所为害人害己等问题。在做思想工作时，了解到其有“每天早上喜欢喝开水冲生鸡蛋”的生活习惯，于是上报大队，由大队特批拿出生鸡蛋，由管教民警每天早上烧开水，然后用开水冲一个鸡蛋，配上白糖，拿到监室，让他喝下。到了入所的第十天后，他放弃绝食，并主动配合管教民警，接受改造，真诚地认罪悔罪。他从入所到投劳的51天，思想一直非常稳定，临走时，他对管教民警说：“在这里，你们管教民警对我，比我的女儿们对我都要好，我忘不了你们的恩情。”

三、改变毒犯

2020年4月，因涉毒贩毒被羁押的董某，一审判处死缓后，他思想波动剧烈，睡眠质量差。民警通过了解，听到董某与同监室的人员在聊天时，无意说了一句“我肯定比你们早走”，分析其有自杀、自残倾向。

在采取清监措施没有发现违禁品后，经过慎重研究，管教民警主动做其思想工作。利用《了凡四训》中的“改过之法”及“身体发肤，受之父母，不敢毁伤”的理念，如损伤则为大不孝的传统文化精髓，教育他珍惜生命，活在当下。经过一整天的谈心教育，董某痛悔自己以前的所作所为，给国家、给社会、给家庭造成了不可挽回的巨大伤害，自己决心不再作恶，不再伤害别人，不再伤害社会，彻底放下一切，主动交出了自己准备自杀自残的违禁品，并向管教民警表示，以后自己绝对不会再做糊涂事，一定会老老实实地服从改造，不能给无怨无悔付出一切的管教干警添麻烦。

经过坚持不懈地宣教中华优秀传统文化，对症施法，化解了在押人员的怨气与煞气，群体性斗殴事件为零，无形中化解了风险点。在押人员良知被唤回，认罪服法态度明显，监室内正气开始上升。

四、久久为功

“我最初在基层派出所工作，接触并学习中华优秀传统文化之后，感觉用于矛盾调解非常有效，到了寿光市看守所之后，我就下定决心，把中华优秀传统文化推广到在押人员。”管教干警说。

近年来，寿光市看守所在前期充分调研的基础上，针对在押人员成分复杂、心理盲区多、抗拒改造、破罐子破摔思想严重的现状，创新教育管理模式，以中华优秀传统文化教育与法治教育相结合，利用请进来、走出去两条教育主线，扎实推进，以普遍大课教育与单独谈心教育相结合，对在押人员进行教育管理，收到了极佳的教育效果。我们通过学习外地经验，结合本所实际，采取了以下的措施。

一是“读”。每天早晚各半小时的《弟子规》《了凡四训》诵读时间，假期里每天达到两小时。对《弟子规》，七成人员能熟练诵读，三成达到背诵，在押人员发生了意想不到的可喜变化。

二是“讲”。除了管教干警自己讲之外，邀请寿光中华优秀传统文化志愿者讲师给在押人员通过视频上大课，弘扬中华优秀传统文化。近四年来，寿光市看守所在押人员接受教育，受益近 10000 人次。所有的监室群体性斗殴事件发生率均下降为零，个别打架斗殴现象同比下降98%。对在押人员中家庭特别困难且案件敏感度较低的家庭进行个别走访，以此达到感化在押人员及其家属的目的，促使他们接受现实，消除抱怨情绪。

三是“说”。组织在押人员以监室为单位进行小组学习交流，分享体会，对照过去，改过自新。

近年来，寿光市看守所没有发生一起非正常死亡事故，也没有发生一起自杀、自残及逃跑事件，守住了安全第一这条主线。更为重要的是，通过“了凡四训”教育，拯救了服刑人员的心灵，让他们改过自新、重新做人。

第五章 文化强企

传承中华优秀传统文化精髓　铸就企业发展灵魂

山东默夙投资集团有限公司

山东默夙投资集团有限公司（以下简称默夙）位于著名的中国蔬菜之乡、华夏盐都——山东省寿光市。默夙现有员工 2000 余人，技术研发人员 155 人，博士 4 人，硕士研究生 53 人，是一家从事卤水新兴复合产业研发、生产、经营的高新技术企业，是国家卤水精细化工产业技术创新战略联盟理事长单位、国家级非物质文化遗产代表性项目保护单位。默夙的快速发展离不开科技创新的拉动，更离不开企业文化的引领。中华优秀传统文化，作为中华民族智慧的结晶，蕴含着无尽的宝藏，为现代企业提供了取之不尽的思想源泉。

近年来，默夙把践行弘扬中华优秀传统文化作为企业立足发展和企业文化建设的根基，积极探索中华优秀传统文化与现代企业管理深度融合，大力推动了企业塑魂取势、锐意创新、稳步发展，企业主动承担社会责任，员工自觉践行传统美德和企业文化已经成为自觉行为常态。默夙先后获得了“全国企业文化建设示范基地”“中国石油和化学工业企业文化建设示范单位”“全国企业文化建设四十标杆单位”“中国民营企业幸福标杆单位”“国家级制造业单项冠军”“国家级绿色工厂”等多项荣誉称号。

一、企业以“仁者爱人”的理念，像家人一样关怀每一位员工

中华优秀传统文化犹如一座宝藏，蕴含着无尽的智慧与力量。其

中，“仁”这一理念，犹如一颗璀璨的明珠，照亮了企业前行的道路。“仁者爱人”不仅仅是古老的哲学思想，更是一种在现代企业管理与运营中能够焕发出巨大活力的价值观念。在默夙，我们看到中华优秀传统文化与现代企业发展深度融合的美好画卷正在徐徐展开。

默夙通过一系列的行动诠释了中华优秀传统文化在企业内部生根发芽的过程，从对困难职工的帮扶到对员工福祉的关心，从应对员工突发困难时的雪中送炭到在员工人生大事上的守望相助，再到员工个体之间在特殊时期展现出的担当奉献，每一个故事都如同涓涓细流，汇聚成企业践行“仁者爱人”的大河，展现出中华优秀传统文化在当代企业中的独特魅力和巨大影响力。这种融合不仅让默夙内部充满温情与力量，更为默夙的长远发展奠定了坚实的人文基础，积淀了默夙独特的文化底蕴，铸就了默夙的辉煌未来。

（一）仁者之道

近些年来，默夙积极践行仁爱之道，帮扶困难职工 100 余人，探望伤病员工 45 人，尽显“仁者爱人”的博大胸怀。为困难员工家属组织爱心捐款帮扶活动，捐款金额达十几万元，生动体现了“一方有难，八方支援”的精神，传承了古人乐善好施、扶危济困的美德。默夙还心系员工福祉，组织总工会为 136 名员工申请办理工会意外伤害保险，并积极引领员工参与“齐鲁工惠”各项惠民活动，提升员工会员利益。默夙以实际行动为员工撑起一片温暖的天空，让员工在困境中有依靠，在奋斗中有保障，在发展中有希望。

（二）仁义无疆

某年秋天，驻内蒙古员工侯平家的大棚被大风刮坏，侯平在外不能归家，妻子无助，心急如焚。默夙得知后，立即组织抢险帮扶队行动，犹如雪中送炭，经过一上午的努力，修好了大棚，解除了风险。侯平从此干劲更足，累活脏活抢着干，节日坚守岗位，被评为“优秀员工”。默夙与员工之间的这种互动，传承和弘扬了中华优秀传统文化的仁爱、义行与感恩，共同铸就了默夙的辉煌未来。

（三）仁爱关怀

默夙积极践行中华优秀传统文化中“守望相助、患难相恤”的理念，在员工人生的重要时刻，给予支持与关怀，如同一个温暖的大家庭，传承古人对他人生活大事的重视与帮扶之情。多年来，默夙为员工操办红白事达150余次，为员工发放生日卡6200余张，这一小小的举动蕴含着中华优秀传统文化中“以人为本、尊重个体”的思想。关注员工的生日，是对每一个生命的尊重与珍视，让员工感受到自己在集体中的价值和意义。再者，每年默夙工会都开展“夏送清凉”活动，为员工送去茶叶、冰糕、西瓜、雨伞、绿豆等物品，改善生产条件，确保职工健康平安度夏。

二、孔子“学而”之道，助力员工成长与成就的智慧源泉

从尊师重道的学习借鉴之旅，到因材施教的人才培养体系；从固本培元的党建活动与自身机制，到以史为鉴的红色游学与制度创新；从“工欲善其事，必先利其器”的职工技能比武，到言传身教的文化专题讲座，再到传承发展中的文化陋习整治活动……默夙不断从中华优秀传统文化中汲取营养，将古老的智慧与现代企业的需求相结合，形成企业发展与员工成长融合共进的“命运共同体”，为企业的长远发展奠定了坚实的人文基石。

（一）尊师重道

默夙积极践行“三人行，必有我师”的思想，将师奉为无上之尊。默夙多次组织骨干员工前往豪迈、京博、红领、上海化工学校等单位进

行企业文化参观学习交流。此举措犹如古人之游学，拓展了员工视野，让他们在交流互鉴中汲取其他优秀企业的文化精粹。这与尊师重道、博采众长的思想一脉相承。古人云：“道之所存，师之所存也。”默夙以开放的姿态，鼓励员工向他人学习，尊崇师道、渴求知识，以此不断丰富和发展自身文化，为企业注入新的活力。

（二）因材施教

默夙精心打造了西蒙商学院、尚易书院、雏鹰训练营、律安应急工程产业学院及化工教育实训基地，这些机构作为企业转型升级、高质量发展的孵化器，发挥着关键作用，充分体现了“工欲善其事，必先利其器”的理念。立体化设计的高中基层人员培训体系，更是汲取了中华优秀传统文化中因材施教的教育智慧；高层主导的课程开发，如积极领导力、资本运作力、文化力等，以高瞻远瞩、深谋远虑之姿，传承了中华优秀传统文化中“登高望远，胸怀天下”的气魄，提升了高层的决策能力和战略眼光；中层骨干主导的治管模式、豹子道、商业模式，弘扬了默夙的经营文化与豹子道精神，践行隐形冠军理念，恰似“中流砥柱，承上启下”之担当；基层员工参与的雏鹰训练营、人才资源池和团康俱乐部，以及新员工系统的强化培训和拓展训练，展现了对人才培养和团队合作的重视，传承了“众人拾柴火焰高”的团结协作精神。默夙的这一系列举措，将中华优秀传统文化与现代企业管理完美融合，为企业的持续发展提供了有力的人才支撑和智力支持。

（三）固本培元

每月 15 日，默夙持之以恒地开展“三红党建”活动（以红色方向如明灯般为发展航程指引方向，以红线力量筑牢坚实根基，以红点质量铸就卓越品质），传承了精益求精的工匠精神。同时，“三批扶正模式”（高层批判反思战略布局，中层批判审视管理策略，基层批评查找作风执行漏洞），深刻体现了中华优秀传统文化中“吾日三省吾身”的自省精神，深度挖掘潜力、全力弥补短板，如古人秉持的居安思危、未雨绸缪的理念，在不断反省复盘中推动默夙持续向前发展。

（四）以史为鉴与反思进取

从 2018 年到 2020 年，默夙连续三年组织“大道之行——红色游学”活动。150 余名骨干员工奔赴井冈山、韶山、遵义、延安、西柏坡、北京等承载着厚重历史意义的革命圣地，开启为期 18 天的红色文化游学之旅。在追寻革命先辈足迹的过程中，汲取红色力量。每次游学结束后的总结研讨会，默夙将传承革命精神与中华优秀传统文化智慧进一步融合，精准对标具体短板，研讨出台了企业思想政治工作机制、员工三必谈制度、员工思想调研机制等多项规章制度，体现了对传统智慧的传承与创新，为企业的持续发展注入强大动力。

（五）工欲善其事，必先利其器

自 2017 年起，每年 5 月至 6 月，默夙都会举办企业职工技能比武大赛，大赛以“匠心筑梦”为主题，设 9 个大项 17 个小项，不断创新竞道文化、深化竞道内涵，构筑坚实平台，已组织 8 期，近千人次参与其中。通过大赛，员工实操技能大幅增进，岗位练兵、技能成才思想得以巩固，工匠精神得以磨砺，整体技能水平显著提升，工人稳定精湛的生产技能成为企业行业竞争中最强大的“竞争优势”。

（六）言传身教与传承进步

自 2017 年以来，默夙积极组织“弘扬中华优秀传统文化、创新企业经营管理”专题讲座二十余期。默夙工会主席亲自授课，以自身学习中华优秀传统文化的切实体会，联系企业实际，用通俗易懂的语言深入阐释为何要学习中华优秀传统文化，细致阐述其基本含义。从中华优秀传统文化与做人、中华优秀传统文化与企业经营、摒弃劣质文化等三个方面，结合典型案例引导大家学习理解，以言传身教传承智慧。大家在交流互动中汲取道德养分，提升自身品质修养，培养优良道德情操。在2022至2023年的文化周活动期间，默夙积极借鉴党的延安整风精神，为提升综合治理水平，两次组织开展文化陋习整治活动。通过自我剖析、相互批评以及问题反馈等方式，深入梳理并归纳出8个陋习现象、64项管理短板，形成了512个与之相关的案例。默夙全体通过深刻反思与自我审视，摒弃不良陋习，传承优良传统，为默夙的持续发展注入强大的精神动力与文化支撑。

三、以“天行健，君子以自强不息”为基，塑造企业精神文化

在企业的发展长河中，默夙在应对自然灾害、公共卫生危机、项目建设挑战以及创业初期的困境等诸多场景中，孕育出了一系列令人敬仰的精神。从抵御台风时展现的平波墙精神，到抗击新冠疫情过程中的抗疫精神；从项目建设中创造奇迹的1228精神，到创业初期体现节俭的螺丝钉精神；从走戈壁寻觅灵气以丰富企业文化的探索之旅，再到各类文化活动中彰显出的顽强意志……每一种精神都是默夙人在特定环境下艰苦奋斗、团结协作、创新探索的结晶。

（一）平波墙精神

2019年8月10日，强台风“利奇马”自浙江登陆后席卷山东。受其影响，寿光境内风雨交加，弥河、丹河上游泄洪且多处溃坝，台风引发风暴潮致海水倒灌，羊口（企业所在地，寿光市羊口镇）区域汪洋一片。面对此般强台风肆虐，默夙人严阵以待，及时应对，从厂外到厂内筑坝固墙、设防除险，连续三天三夜，几百号人在狂风暴雨中无畏前行。他们手挽着手站在齐腰深的洪水中严防死守，组成一道道人墙，以顽强意志抵御台风暴洪对厂区院墙的冲击，生动演绎了默夙人奋不顾

身、能打硬仗的平波墙精神。在灾难面前，默夙人以钢铁般的意志和众志成城的力量，展现出了对困难不屈不挠的抗争精神，传承中华优秀传统文化中勇毅前行、团结协作的宝贵品质。

（二）抗疫精神

2020 年，百年不遇的新冠疫情在神州大地肆虐，全国上下齐心协力打响抗击新冠疫情防控战。在这艰难时刻，默夙全体党员干部挺身而出，积极投身新冠疫情防控，全力确保正常生产运行，尽显担当之责。同时，主动捐款支持全国抗疫，董事长杨树仁率先垂范、带头捐款，各公司支部领导及广大党员干部踊跃参与，纷纷奉献爱心。在困境中守望相助，传承中华优秀传统文化中扶危济困、同舟共济的美德。

（三）1228精神

2001 年冬天，王高溴丙烷项目建设工地上，雪花漫天、寒风刺骨、天寒地冻，30 多名默夙员工在张伟华的带领下，发扬战天斗地、不怕困难的精神，仅用一个月的时间就完成了项目建设任务，创下了默夙发展史上的一个速度奇迹，表现出默夙人愈挫愈奋、敢为人先的顽强意志和奋斗精神。

（四）螺丝钉精神

在创业初期，资金紧张之际，默夙人展现出令人钦佩的节俭精神。他们收集旧螺丝，用机油浸泡、套丝后再利用，在一年做几个项目的情况下，做到一年不买一颗新螺丝。古人以勤劳治国，以节俭持家，默夙人则在创业之路上秉持这份珍贵的品质，“克勤于邦，克俭于家”已成为默夙的传家宝，被一代代默夙人继承和发扬，激励着他们在前行的道路上不畏艰难，砥砺奋进。

（五）戈壁精神

2019 年，默夙四个厂区被淹，损失惨重，默夙上下情绪消沉、状态迷茫。为提振士气、鼓舞斗志，默夙组织 81 名管理技术骨干走戈壁，在艰苦的征程中回顾企业从小到大、由弱到强的创业历程，寻觅奋斗者的雄心壮志。回来后，员工们的斗志重新焕发，重新拾回了“沧海横流，方显英雄本色”的豪迈，企业文化在此过程中得到加持、丰富和升级。

优秀的企业文化如同一座灯塔，照亮前行之路。这些精神不仅是默夙的宝贵财富，更深深扎根于中华优秀传统文化的土壤之中。它们传承中华优秀传统文化中诸如勇毅前行、团结协作、扶危济困、勤劳节俭等优秀品质，同时也体现了现代企业在时代浪潮中应对挑战、追求发展的决心与信念。在新时代的大舞台上，默夙正以这些独特的精神文化为旗帜，融合中华优秀传统文化与现代企业理念，书写着属于自己的壮丽篇章，向着更加辉煌的未来不断迈进。

弘扬中华优秀传统文化　打造文化仙霞

山东仙霞集团有限公司

山东仙霞集团有限公司（以下简称仙霞集团）总部位于寿光市洛城街道，其前身是1952年建厂的被服厂。如今，仙霞集团已发展成为一家以服装加工、服饰营销、职业装定制为主业的企业集团。仙霞集团的主要产品涵盖男女西服、夹克、衬衣、西裤、皮具、床上用品等十几个系列200多个品种。该集团连续16年跻身中国服装行业“双百强”企业之列。同时，它还是军服重点生产基地，以及行业职业装定点生产厂。

近年来，仙霞集团为不断适应市场环境的发展变化，积极探索和改善管理模式，注重在企业文化建设中融入社会主义公德教育和儒、释、道经典传统文化，并挖掘社会主义核心价值观以及《弟子规》《孝经》《太上感应篇》《了凡四训》《群书治要》等经典中的主要内涵，教育引导员工在日常生活与工作中秉持“存好心、做好事，为仙霞员工和社会，尽我职责、尽我所能”的理念，积极营造健康向上、热爱生活的和谐企业氛围，使员工在生活上有知足感、在事业上有成就感、在精神上有幸福感、在社会上有荣誉感。企业着力打造独具特色的“文化仙霞”品牌，在将正能量传递给企业员工的同时，也传递给了社会各界。

一、仙霞集团与中华优秀传统文化的不解之缘

（一）中华优秀传统文化“三进”，营造浓厚的文化氛围

为了给职工营造浓厚的文化氛围，激发职工对学习中华优秀传统文化的兴趣和积极性，仙霞集团从细微处着手，采取多种措施，将中华优秀传统文化渗透到职工的工作、生活、家庭中去。

中华优秀传统文化进企业。进入仙霞集团公司大门，可以看到一个巨大的木质屏风，上面刻着《弟子规》全文。在仙霞集团的办公楼大厅里，放置着一张大桌子，桌子上摆满了《弟子规》《论语》《孝经》《太上感应篇》《了凡四训》《群书治要》《素书》等十几种文化读本，免费向集团职工和社会各界人士开放借阅。在楼梯的两侧和转角的墙上，都挂满了“画说仙霞”系列漫画。仙霞集团的销售部门、生产部门根据各自的特点，依据《弟子规》编制了行为规范，对照实际工作认真履行，不空谈。

中华优秀传统文化进车间。仙霞集团的生产车间内，在不影响正常生产的场地，放置着一排排从《画说文化仙霞》中精选出来的漫画。这些漫画内容主要阐述仙霞集团的核心理念、为人之道、利益观、团队观、责任观等，时时刻刻让职工学习、感悟，并充分利用厂区道路两侧的宣传栏、黑板报，车间、道路悬挂标语等多种形式，对职工进行中华优秀传统文化的教育。

中华优秀传统文化进家庭。为了让职工家庭也受益于中华优秀传统文化，企业每年都组织夏令营和冬令营，让职工的子女参与，在其间开设礼仪培训学习等内容。仙霞集团鼓励职工与家人分享中华优秀传统文化书籍，每年组织管理人员外出学习中华优秀传统文化，若有职工家属愿意参加，企业不仅拿出资金为职工子女安排好食宿、交通费用，还会对这样的职工家庭进行表扬激励。职工子女只要考上中专以上学校，仙

霞集团都会组织学生和家长共同聚餐，为学生送上《弟子规》等传统文化书籍。每年春节，仙霞集团还专门印制精美的“仙霞文化”挂历，主题丰富多样，包括“孝老”“家和”“礼仪”等，免费发放给每位职工和相关学校、团体。

（二）全员晨诵雷打不动，学习形式丰富多彩

仙霞集团认为，企业不但要出好产品，还要出好人才，学习型企业是未来成功企业的模式，要以更快的速度、更低的成本让全体员工更有效地学习。在职工学习中华优秀传统文化的形式上，仙霞集团采取了董事长、管理人员先学习，带动全体职工共同学习的思路，构建了晨诵会、骨干集中学习、外出培训学习、请进来交流学习、员工互相分享学习等内容的“立体式”“交叉式”的学习网络，坚持数年，取得了良好成效。

仙霞集团决定全员学习、背诵传统国学经典《弟子规》《三字经》之初，职工的质疑声、反对声、不屑声不断。“释己而教人者逆，正己而化人者顺。逆者难从，顺者易行；难从则乱，易行则理。”年已七旬的仙霞集团原董事长王金栋认为，企业文化是一把手文化，要让职工接受，企业领导首先要做到。为此，他第一个在职工面前背诵《弟子规》，并先在管理层践行。

从《弟子规》《三字经》到《朱子治家格言》，从室内学习到室外诵读，不知不觉中，仙霞集团职工集体学习传统国学经典已经走过了十几年。近年来，除了每天雷打不动的晨诵会外，企业又组织中层骨干人员进行每周一次的中华优秀传统文化学习，一般在一个小时左右，学习时间计入工作时间。为了便于职工学习，仙霞集团专门配备了近千平方米的学习室，一次可容纳 800 余人，中层骨干学习也设有专门的学习室。

除了内部集体学习外，仙霞集团还重视外出学习和请进来交流学习。自2010年以来，仙霞集团已组织50余次中层干部外出参加“群书治要论坛”“中华优秀传统文化师范进修班”等学习活动，参加者达500余人次。从2001年起，设立仙霞讲堂，先后邀请著名经济学家艾丰、著名心理学家徐胜三等来仙霞集团做专题讲座。集团每年都集中购买传统文化书籍赠阅给每位职工，并向社会各界人士赠阅。这方面每年设有200万元专项资金。

（三）编辑出版《画说文化仙霞》，积极弘扬社会正能量

仙霞集团聘请山东建筑大学教授唐建文作注，著名漫画家、山东省漫画家协会副会长金马画漫画，从中华优秀传统文化中提炼出了“仙霞为人之道”“公司权益观”“关系说”“责任关”“德与智”等观点和为人处世之道，推出《画说文化仙霞》，通俗易懂，形象直观，让职工的日常行为有了标准，重塑了职工的价值观和道德观。为了便于职工学习，集团还结合集团和集团职工实际情况，为职工量身定做出版了《仙霞画说弟子规·家训》《群书治要360·仙霞读本》等，免费分发给职工。

仙霞集团还积极把中华优秀传统文化向社会推广。近几年来，仙霞集团先后在《解放军报》《大众日报》《山东工人报》等头版重要位置和山东支部生活专页刊登《画说文化仙霞》和《仙霞画说弟子规·家训》等，开辟了企业文化宣传的先河。

二、中华优秀传统文化熏陶出的“仙霞之道”

多年来，仙霞集团从中华优秀传统文化中汲取营养，在中华优秀传统文化中寻求管理和发展企业的理念、方法、要求、准则，从而让《弟子规》、中国传统的优秀文化观念，内化成了仙霞集团的管理规定、企业行为，使得仙霞集团的生产、管理具有文化的情感、文化的高度，为

企业注入了文化力量，为打造“百年仙霞”奠定了坚实的基础。

（一）仙霞的企业定位和文化理念

仙霞集团把企业定位为“学校·家庭·社会”。首先，在职工工作学习时，企业应该是一所大学校，管理层是教授、讲师、教师、辅导员，管理层要为人师表，做出榜样，才能教出好学生，培养好人才。其次，企业必须是一个家，要和谐快乐，但坚决不主张“舍小家爱大家”，而是要“爱小家顾大家”。最后，员工在休闲时，企业是个小社会，只要不违法违纪、伤风败俗，员工就享有高度的自由自治。

仙霞集团的企业文化理念：文化决定精神，精神决定人品，人品决定产品。没有文化内涵的企业是不会持续发展的，没有文化内涵的企业员工，制作不出一流的品牌服装。在企业不断壮大过程中，持续为企业文化注入新的理念，把制度管理与亲情服务相结合，在独具魅力的企业文化浸润下，努力使员工们在工作上有成就感，在生活上有知足感，在精神上有幸福感，在环境中有舒适感，使每个人的自我价值都能够得到充分的体现。

（二）人品至上催生仙霞集团《三字经》

精神铸就人品，人品铸就精品，仙霞集团非常注重员工的人品，认为人品至上，人品是做好工作、生产好产品的基础。仙霞人理出了自己的一套理念，并形成了仙霞《三字经》：维公德，讲礼仪，做文明人；遵法纪，守制度，做规矩人；忠职守，听安排，做好工人；勤劳动，多生产，做有功人；肯学习，好钻研，做知识人；敢创新，能拼搏，做带头人；重人品，有才干，做仙霞人；爱中华，做贡献，做中国人。

（三）仙霞集团发展观

不求规模最大，但求企业更强。仙霞集团认为，企业大不等于强，强不等于大。企业作为国家经济肌体的一个细胞，必须拥有一个健康的体魄，必须在强的基础上求大。因此，近年来，仙霞集团并没有急于扩大生产规模，而是先夯实坚强的根基，再实现稳定可持续发展，并形成良性循环格局。

1997 年，仙霞集团一年在 7 个省建立了 600 多家服装专卖店。由于急于求成，在选址、装修、人员培训等方面跟不上，市场迅速萎缩。“前车之鉴，后事之师。”对于失误，仙霞集团从来不避讳。经过这次的教训后，他们重新调整思路，将企业业务重点放在标志服生产上，“攻其一点”，业务越做越稳。如今，仙霞集团已经发展成为行业职业装定点生产厂。

（四）合作共赢让企业赢得同行业尊重

合作共赢，一直是仙霞集团倡导的企业发展理念：企业与员工之间要共赢，企业与政府、客户、社会之间也要共赢。只有实现共赢，关系才会更和谐。仙霞人认为，在商场上，不应该与对手互相面对面地厮杀，而是应该合作共赢、取长补短、和谐走向未来。仙霞集团目前还投资了小额贷款公司——金海信贷，但目的不是赚取暴利，而是想帮助那些急需发展、急需资金的中小企业。

在业务方面，仙霞集团一直提倡“同行是亲家，竞赛不竞争，利润合法化，不求最大化”。领导层形成共识，企业之间的竞争，最终不是竞争业务，而是企业文化的竞争。每次的招标会上，仙霞集团业务人员都秉承“顺其自然”的理念，只管做好前期工作，有企业的质量、信誉、品牌、文化做后盾，心里就有底气。很多时候，仙霞集团在中得几个标后，会主动把机会让给其他企业。“追求利润合法化，不求利润最大化。”不争，让仙霞集团在同行业中获得了尊重。

（五）从顾客需要角度做好服务

仙霞集团认为做好服务的根本就在于站在客户需求的角度上替对方

考虑好一切，最主要的是对企业的一份沉沉的责任，而责任感的培育，亦离不开中华优秀传统文化的熏陶。对于客户一个电话，售后人员无论多远都马上赶过去的事情，在仙霞集团已经成为一种普遍现象。某法院的几套法官服不合适，仙霞集团员工赔着本钱，跑到每个法官那里去测量、修改。为此，赢取的订单越来越多，从公检法系统开始，业务拓展至工商、税务、金融等领域，数百万套的服装业务都是大家靠质量、靠真情、靠对企业对客户的真爱赢得的。2008 年，仙霞集团成为北京奥运会开幕式礼服的制造商之一。

山东聊城一位顾客在鲁西商厦购买了一套“仙霞”牌高档西服。穿了十几天，发现西装裤有轻微瑕疵，他抱着试试看的心情，向公司打电话说明情况。第二天，仙霞集团派人带着两套同样的西装赶到聊城，为其办理了退换手续。事后，这位顾客感动地说:“像你们这样承诺的做法，我还是第一次碰到。今天，我真正体验到‘仙霞’名牌的分量。”

三、职工为本构筑和谐大家

2012 年，仙霞集团提出了“仙霞梦”：使员工合法利益最大化，把员工作为家人养好，把社会责任尽到。多年来，仙霞集团一直认为，企业是属于职工的，属于国家的，一直把职工的利益放在第一位，认为职工的利益就是企业的核心利益。在一系列措施的制定上，仙霞集团都以职工利益为根本导向，向一线职工倾斜。

（一）职工的“衣食住行”，仙霞集团全包了

为了造福职工，仙霞集团先后数次自建了多栋职工福利房，以低于建设成本的价格让职工认购，以保证每位在仙霞集团工作的 40 岁以上职工每家能享受到两套单位福利房。

为了保证分房子的公平公正，他们在建房前就先列出户型供职工自

由选择。在定价方面，他们采取面积越大的平方米价格越高的策略，让因经济实力有限而只能买小房子的职工也不觉得吃亏。根据职工选择的户型建好新房后，职工分组按照房号进行抓阄，同一户型的房子所有楼层价格都一样。而主导分房的集团高层则不参与抓阄，最后一个剩下的阄才归其所有。这样领导率先垂范、公平公正的分房方式，保证了分房顺利进行，几百套房子仅仅一个上午就分完，且没有任何职工有异议。此外，仙霞集团还为经济条件相对差的员工准备了“廉租房”，花很少的钱就可以一直住下去。

在仙霞集团，员工们的衣、食、住、行，企业都面面俱到地给予考虑。“衣”，企业为每位职工按照年工龄 100 元 / 月的标准发放了福利卡，职工可以凭卡去仙霞商场购买衣服、床上用品等，年底再发一套福利服，基本解决了一家人的穿衣问题。“食”，一线职工有免费早餐。“住”，企业保证每位在职职工分到两套福利房。“行”，企业有班车，并且职工购买私家车时企业出面进行团购。

（二）生产员工福利高于管理人员

“一马当先，万马奔腾。”仙霞集团认为，高层管理人员要做到率先垂范，做好表率，在工作上要善于担责任，在利益面前要退让。近几年来，仙霞集团的很多做法都表明，在仙霞集团，与利益有关的事情或者决定、决策都向一线职工倾斜，让一线职工在企业有地位，有自豪感，从而能够更好地有作为。

仙霞集团规定，对于生产职工，超出定额计划的均按 3 倍计发工资，对于管理人员，超出当月上班天数的按比例发放加班费，而集团班子成员超出不加，少则扣减。像这样生产职工福利高于管理人员和行政人员的现象，还体现在仙霞集团许多方面。例如，企业每天为生产一线的单身职工提供免费早餐；针对生产职工每年发放高温补贴；每年发放

“孝亲奖”，企业高管和行政管理人员发放有上限，不能超过平均奖，而生产职工无上限，以公司平均奖为基数，再与其当月、当年超产比例相挂钩，这样只要指标完成好就比行政管理人员拿得多。

（三）职工物质需求和精神需求双满足

由于服装行业的特殊性，生产职工多为计件工资。为了增加生产职工的收入，仙霞集团规定，超出月定额计划的均按 3 倍计发工资。在具体操作上，做到公开透明，公平合理，职工结束一天的工作后，就能够立马知道自己当天的所得。十几年来，仙霞集团从来没有发生因工资引发的纠纷。

让职工个人受益的同时，也要让职工家人受益，是仙霞集团“家”概念的延伸。仙霞集团纪委书记、工会主席唐静介绍，近年来，企业专门设立了“孝亲奖”，每年春节、清明、中秋都会为每个职工发放现金，让职工尽孝、恭亲。企业还专门成立了“仙霞基金会”，用于救助特困职工和大病职工以及奖励职工见义勇为行为。职工中只要家有 80 岁以上老人者，企业每年春节都会派公司领导前往探望，送上慰问金和生活用品。对企业退休职工，企业更是关爱有加，为他们印制了《退休职工档案》，每年厂庆都把退休职工请回“老家”同庆同乐。每年中秋节、春节，集团工会专门调配人力物力，对年满 60 岁的退休职工进行登门慰问。

四、社会责任彰显仙霞“大爱”

仙霞集团在搞好企业稳定持续发展，积极回馈反哺职工的同时，更是积极履行社会责任，为当地政府分忧解难。

作为股份制企业，仙霞集团的股份却与众不同。企业所有的股份归员工所有，原董事长王金栋退休后，不仅将位子传给了与自己无任何亲戚关系的同仁，而且将其个人注册股份转赠给了新任董事长，而注册股明确规定为企业员工共同所有。

仙霞集团把企业看成社会大“家”的一分子，多年来一直自觉主动履行社会责任。仙霞集团从媒体上得知寿光市稻田镇慈晓燕父母因车祸双亡后，便开始对她进行长期、固定的捐助；情牵革命老区，投入资金 300 余万元在沂蒙、延安等十几个村庄建立扶贫点，帮助农民科技兴农，脱贫致富，还新建了两所希望小学；心系兄弟企业，先后与 4 个省、11 个市、22 个县的近百家服装、纺织单位结成联合体，使 10 余家困难企业走出了困境。湖南水灾、玉树地震、云南旱灾……每遇重大自然灾害，更是少不了仙霞集团捐助的身影。近年来，仙霞集团在公益事业方面的投入近千万元。

附录

潍坊科技学院教研成果

深入挖掘中华优秀传统文化精华
推进自主知识体系中国管理学建设

马文军　孟秀丽

无论是从人口、国土角度还是从历史文化角度看，中国都是一个当之无愧的大国。中国人民在5000多年的历史发展长河中，创造出了丰富灿烂的管理思想和管理实践，中国应该也可以建设自己自主知识体系的管理学。国家对此有着明确而深切的期待，部分学界前辈也早已开始努力研究建构。然而，总体而言，当前自主知识体系的中国管理学建设还不尽理想，尚不能很好地适应中国式现代化要求。由此，深入挖掘中华优秀传统文化之精华，推进自主知识体系中国管理学建设，就成为当前新时代中国管理学界的一个重要而迫切的任务。而要完成这个任务，显然需要首先直面回答"为什么要建设""建什么范式""怎么推进""孰可担纲"四个基础性问题。

一、为什么要建设自主知识体系中国管理学

适应新时代发展对中国哲学社会科学建设提出了更高要求。2016年5月17日，习近平总书记在北京主持召开哲学社会科学工作座谈会并发表重要讲话。习近平总书记强调，要结合中国特色社会主义伟大实践，加快构建充分体现"中国特色、中国风格、中国气派"的"中国特色哲学社会科学"。具体到管理学科，自改革开放以来，我国管理学科取得了显著发展成就，但主体部分多取自西方既有理论、模式和逻辑，

本土历史文化基因挖掘融入相对缺乏，国际话语权也相对较弱，对已经步入深水区、新常态和新时代的中国发展建设指导日益力不从心。而西方现行的管理学科，也受到了包括新旧社会主要矛盾转换和人工智能快速扩张替代在内的时代发展的严峻挑战。因此，加快构建“中国特色哲学社会科学”，中国特色管理学建构尤其重要，且正当其时。

2022 年 4 月 25 日，习近平总书记在考察中国人民大学时指出：加快构建中国特色哲学社会科学，归根结底是建构中国自主的知识体系。由此，中国特色管理学建构，其核心和关键就是建构中国自主知识体系的管理学。

国内管理理论界的管理学知识传播，当前仍然多限于西方体系的管理学知识。然而，这些西方的内容大多已历经数百年，部分理论陈旧且存在某些问题，抑或与中国本土实践有着严重的“水土不服”，对中国特色社会主义现代化建设的指导更是日益力不从心。

当前的中国发展进入了新时代。在中国式现代化的新征程上，在 AI（人工智能）正把可以标准化程序化处理的事务统统收入囊中的新时代大潮面前，回归东方文化，挖掘东方基因，建设自主知识体系的中国管理学，可谓正当其时。

改革开放以来，一批管理学者开展了持续的本土历史文化基因挖掘和本土管理理论创新建构研究，形成了若干本土管理学流派，其中以东方管理理论与和谐管理理论等流派的表现为典型。不过，受制于基础理论创新建构不足，相应地融会中华文化、挖掘本土基因、体现中国特色、实现逻辑自洽的自主知识体系中国管理学建设，尚不理想，而挂本土牌子实西方理论者也不少见。这就更加凸显了在当前推进自主知识体系中国管理学建设的必要性。

二、建什么范式的自主知识体系中国管理学

在西方管理学已经“矗立于前”且相当“成熟完善”的情况下，自主知识体系中国管理学建设究竟应该是在西方既有范式中修修补补即可，还是应该予以大刀阔斧式的范式新构？这可以通过对西方管理学的发展演进脉络的系统性梳理镜鉴而得到明晰。

西方管理学以《科学管理原理》的出版为起点，经由以法约尔、韦伯等人为代表的古典管理理论阶段和以管理过程学派、管理决策学派等为代表的管理理论丛林阶段，发展到以波特战略管理、哈默企业再造、圣吉学习型组织管理、大内Z理论等为代表的当代管理理论阶段。该学科体系的发展演进，走出的是一条经验归纳性逻辑路径。

具体来说，作为现代管理学正式成型的标志，《科学管理原理》一开始并不形而上地关注整个管理学体系的大厦建构，而是直接形而下地聚焦指向了泰罗所在钢铁厂因经验管理不足导致的工人生产效率低下的具体问题。其通过搬运生铁块试验等寻找生产动作的“最佳方式”，大幅提高了生产效率。通过这个具体问题的解决，分析其中规律，提炼其中理论，最后归纳总结出人岗匹配化、操作标准化、超额奖励化等科学管理原则，并应用推广到全美进而全世界。总体上看，《科学管理原理》基于对一个具体管理问题的聚焦解决，虽然最终推动了经验管理向科学管理的转型升级，但其只是对某一方面管理经验的总结提炼，是典型的经验主义路径，并没有建构出一个本义管理学体系的完整大厦。

后续梅奥通过霍桑实验对组织行为管理的推进、麦克纳马拉和桑顿基于福特汽车公司实践对量化管理的拓展，到“二战”后的“管理理论丛林”再到当今波特战略管理、圣吉学习型组织管理的加持等，则是在前面学者已经解决问题的基础上，进一步发现新问题、解决新问题，并

不断注入既有的管理学体系之中推动其内涵逐步累积、边界不断扩张的动态过程，是管理学不断与其他学科体系有机融入的过程。这些不同时期出现的不同管理流派彼此是并列交叉而不是相互包含的，表明彼此并无统一的核心体系和本义范式。至于法约尔和韦伯等建构的包括十四条原则、五种管理职能在内的一般行政管理理论，看上去像是某种理性体系的普适性建构，但其基本研究方法还是经验归纳和分析，仍然是典型的经验主义的管理学，最终也补充融入既有的管理学体系之中。其接触到了管理学的本义面貌，但远没有实现对管理学本义面貌的一般性勾勒描绘。

总之，现代西方管理学发展演进中虽然也有着布赖尔和摩根所说的职能主义（即实证主义）和结构主义（即规范主义，强调应该怎样和应然问题，力求构建一种规范的理论体系和概念架构）等多种发展萌动，或者说有着演绎的理性主义对经验主义的突围企图，但管理学一个世纪的发展历程基本上是以实证主义为主线的，走出的是一条先解决工厂经验管理向科学管理升级问题，然后通过后续新管理问题的逐步识别、解决和补充、加注，推动管理学体系实现内涵不断积累、边界不断扩张的发展演进路径，是一条经验归纳性的逻辑路径。

西方管理学没有实现对管理学本义面貌的一般性刻画和本义框架的一般性建构，这里以美国为例予以说明。根据美国学科专业分类设置，到目前为止，其管理学仍然只是局限于工商管理和公共管理的框架体系之内，之外的其他管理仍然没有得到管理学视角应有的重视和纳括。然而，管理学就本质而言是一种工具化定位，这种定位必然会使管理学边界跨到其他学科的讨论领域中。特别地，从管理本义角度理解，家庭和个人范畴的管理，是整个管理学体系的基础和原点，当前西方主流的管理学对此少有涉及，这可谓是当前西方管理学存在的一个明显的结构性缺陷。而正是由于管理学边界的扩张局限，当前西方管理学的管理逻辑指向，也就只能局限于管理者面向管理对象的“我—物（人）”式的外向管理模式，而不得不放弃管理者面向管理者本人的“我—我”式的内向管理模式。一个完整闭环的本义管理逻辑指向，必然是“我—物（人）”式的外向管理模式与“我—我”式的内向管理模式的有机组合，且后者是其中的核心和关键。在基本逻辑上对“我—我”式内向管理模式这个内核的放弃，可谓是当前西方管理学体系存在的另一明显的结构性缺陷。

总之，西方管理学走出的是一条基于具体问题的边界不断扩张和内涵不断积累的经验归纳型逻辑发展之路，是一种实然型而不是应然型体系建构，到目前为止仍然缺位本义应然型的框架体系建构。由此，自主知识体系中国管理学建设完全可以跳出西方现行管理学体系之制约，通过挖掘中国独特的经验和特色，回归建构一个演绎逻辑路径和本义面貌架构的全新管理学体系。反过来说，西方管理学对本义体系的缺失，为中国管理学基于本土因素建构本义型自主知识体系管理学，提供了一个弯道超车的绝好机会。

在这方面，中华5000多年历史所孕育的灿烂的传统文化，以及在革命、建设、改革进程中创造的革命文化和社会主义先进文化，可提供丰富的灵感来源、框架支持和素材支撑。特别地，作为中华优秀传统文化主流并已经浸润于当代各种先进文化之中的儒学，实际上已经贡献出了一种演绎逻辑路径和本义面貌架构的管理学体系。正如有学者所言，几乎现代管理的全部精髓，都可以从儒家思想的基本观念中廾发出来。由此，基于中国本土因素建设本义型管理学新范式，应当是自主知识体系中国管理学建设的正确范式选择。

三、怎么推进自主知识体系中国管理学建设

自主知识体系中国管理学建设是一个庞大的系统工程，应当在周密考虑以下几个问题的基础上予以具体而妥善的推进。

（一）自主知识体系中国管理学建设的本源依托

基于本土历史文化情境的自主知识体系中国管理学建设，其思想和实践素材应该主要依托于以下三大本源。一是在5000多年文明发展中孕育的中华优秀传统文化，特别是已经浸润于中华民族国民性与日常行为习惯的儒学文化。二是民族图强奋斗实践中凝结形成的近现代优秀革命文化，特别是1921年中国共产党成立以来为了民族解放进行前赴后继、可歌可泣革命斗争而铸就的红色革命文化。三是新中国成立以来在社会主义现代化建设事业征程上开创的当代优秀治国理政文化，特别是1978年以来创造的举世瞩目的改革开放文化。

（二）自主知识体系中国管理学建设的基因萃取

纵观中华民族5000多年悠久历史，特别是其中作为自主知识体系中国管理学建设三大素材本源的儒学文化思想、红色革命实践、改革开放创造，虽然灿烂辉煌、气象万千、博大精深，然而始终有一条显明的特征相伴始终，整个中华历史文化可谓以此为主线演绎而出、一气呵成，形成了与西方社会达尔文主义明显不同的特征，可以称之为中华文化之核心基因，这就是作为中华优秀传统文化之精髓的“和合”。管理的根基在文化，中国自主知识体系管理学建设，应当萃取“和合”为内在管理基因。

（三）自主知识体系中国管理学建设的层级架构

受儒典《大学》启发，基于本土历史文化情境的自主知识体系中国管理学建设之基本架构，首先应该包含四个基本管理层级，分别为修身、齐家、治国、平天下。通俗地说，就是自我管理、家庭管理、国家

治理、全球治理。在四个基本层级的管理架构之中，一方面“壹是皆以修身为本”，另一方面“修身在正其心”，必须对正心层级予以高度重视。由此，自主知识体系中国管理学建设有必要补充一个正心的管理层级。另外，在“修齐治平”的管理层级架构中，从“齐家”到“治国”呈现为一种跨级跃进，两者中间“辽阔的公共空间”有意无意成为“被漠视的公共空间”。从现代的发展眼光进行审视，有必要补充一个包括企业管理、工商管理、文教管理等在内的事业发展管理层级，可以称之为事业管理。由此，基于本土历史文化情境的自主知识体系中国管理学建设，应该包含六个基本层级，即正心、修身、齐家、立业、治国、平天下，或者说心质管理、自我管理、家庭管理、事业管理、国家治理、全球治理。

（四）自主知识体系中国管理学建设的核心关键

具有本土管理元典性质的儒家经典《大学》之中，“三纲领”是总目标，“八条目”是具体步骤。“八条目”中，“修身”是根本，前四项“格物、致知、诚意、正心”是“修身”的前提，后三项“齐家、治国、平天下”是修身的目的，而“修身”则是连接贯通两个方面的枢纽，是“八条目”之关键节点所在。关于“修身”的关键性节点地位，《大学》也有着几乎直白性的阐述：“自天子以至于庶人，壹是皆以修身为本。其本乱而末治者，否矣；其所厚者薄，而其所薄者厚，未之有也！”特别地，《大学》认为修身包含的格物、致知、诚意、正心四个前置环节中，关键在于正心，或者说正心是修身的前提要件，正如《大学》所言：“欲修其身者，先正其心。”由此，基于本土历史文化情境的自主知识体系中国管理学建设，正心和修身乃是核心和关键。

（五）自主知识体系中国管理学建设的逻辑结构

基于本土历史文化情境的自主知识体系中国管理学建设，正心（心质管理）、修身（自我管理）、齐家（家庭管理）、立业（事业管理）、治国（国家治理）、平天下（全球治理）是六个具体管理层级。其中，前者是后者的基础，后者是前者的扩展，形成一种层层递进的逻辑关系。特别地，对应于心质管理的正心和对应于自我管理的修身，其根本的管理指向是对内的，属于“我—我”的内向式管理。而对应于家庭管理、事业管理、国家治理、全球治理的齐家、立业、治国、平天下，其根本的管理指向是对外的，属于“我—物（人）”的外向式管理。两者的有机结合，就实现了管理基本逻辑上的科学、完整和闭环。当然，在整个管理体系之中，“心质管理—正心”和“自我管理—修身”环节是逻辑原点所在。

（六）自主知识体系中国管理学建设的西方批判

在西方管理学不但“矗立于前”而且相当“成熟完善”和“深度嵌入”的情况下，自主知识体系中国管理学建设必须首先进行一次前置性的西方管理理论体系局限的系统性识别和科学性批判。否则，如果西方现行管理理论体系是“成熟完善”甚至“完美无缺”的，自主知识体系中国管理学建设就没有了推进的必要。面向西方管理理论体系局限进行的系统性识别和科学性批判，大体可从关键内容、整体结构、研究方法、实践应用等几个方面进行。篇幅所限，此处从略。

（七）自主知识体系中国管理学建设的教材转化

学科体系建设同教材体系建设两者相辅相成，密不可分。习近平总书记指出：“学科体系建设上不去，教材体系就上不去；反过来，教材体系上不去，学科体系就没有后劲。”由此，自主知识体系中国管理学建设，还应及时转化为自主知识体系的中国管理学教材。其中，《中国管理学》教材在整个自主知识教材体系建设之中具有定杆立标的关键地位，尤其需要重点推进。目前国内各高校管理学类专业的课程设置体系之中，一般把“管理学”课程设置为专业平台课，安排在第一学年第一学期开设，赋予 3 ～ 4 学分。自主知识体系《中国管理学》教材建设的课程转化，可以参考设置为与西方“管理学”课程并列的专业平台课，安排在“管理学”“西方经济学”等西方主体性的经济管理课程学完之后的第二学年开设，赋予 2 ～ 3 学分。需要配套推进的工作是，各高校相应调整本校经济管理类专业培养方案，补设“中国管理学”课程，同时把原“管理学”课程正名为“西方管理学”。此外，还需要教育部门从顶层规划角度，适时对高校经管类本科专业和课程设置相关政策文件予以必要调整。

四、自主知识体系中国管理学建设孰可担纲

自主知识体系中国管理学建设基本逻辑清晰之后，具体的建设事宜应该由谁来负责组织推进呢？或者说究竟什么样的学者才能胜任建设的重任呢？这个问题可以从正反两个向度予以分析。

从反向角度予以分析可知：仅仅具有系统的西方经济管理类专业知识体系的学者，往往会因缺失了对中华历史文化必要的深切把握（注意不是浮光掠影式了解），一般难以胜任；仅仅具有系统的中国历史文化类专业知识体系的学者，往往会因缺失了对西方既有管理理论和学科体系必要的深切把握，一般难以胜任；仅仅具有从一个学校到另一个学校的学院式读书学习工作经历的学者，往往会因缺失了对中国国情和社会现实必要的实践体悟，而管理学最为根本的特征就是其实践性，从而一般难以胜任；仅仅专注于训诂考据的挖掘型研究，或者仅仅执着于统计验证的方法型研究，就其本质而言其实是在既有的西方范式盒子里起舞，其本身虽然也是极其重要的工作，但因自主知识体系中国管理学建设是一种全新范式新构，从而一般也难以胜任。

从正向角度予以分析可知：由于自主知识体系中国管理学建设是一种基于中华历史文化的全新管理学范式新构，推进这项工作需要具有综合而交叉的素质、知识、经历和能力。根据上面的反向分析，推进自主知识体系中国管理学建设，必须具有系统的西方管理学专业知识体系学习经历，必须具有系统的中国历史文化类专业知识体系学习经历，获得扎实的知识和理论储备；必须具有丰富的社会实践经历和多种的工作岗位历练，有着对中国国情和社会现实的深刻体悟；必须具有哲学层面形而上学式的高度俯瞰和深刻审思以及大无畏的质疑批判精神，而不仅仅是认可西方的管理学范式并止乐于在西方范式盒子中翩翩起舞。以上四个要件缺一不可，根本要求是做到在管理学的领域范围之内，洞察西方，深耕本土，丰富实践，哲学统领。以上四个基本要件具体到一个个体学者，这个学者就应该有着西方管理学类和中国历史文化学类的专业交叉性知识学习经历，有着较为丰富的不同地域、不同岗位、不同级别的工作实践经历，有着对西方管理学范式重大缺陷和不足的深刻认识，也有着对基于中华历史文化建构中国管理学的哲学审思和强烈冲动。

在当今学科细分时代，齐备这样资质要件的学者并不太多，甚至可以说是凤毛麟角。然而，自主知识体系中国管理学建设又具有迫切性。结果在现实中，那些系统学习掌握了西方管理学专业知识的学者，特别是其中有着西方欧美知名高校学习经历且目前供职于国内著名高校平台的知名学者，由于其天生具备对西方管理学的知识掌握和范式统思以及科学研究工具的优势，而当前国内管理学研究的主流正是西方管理学范式，所以天然地呈现出巨大优势，获得了自主知识体系中国管理学建设的主体担纲者角色。然而，这些重点扎根西方管理学范式的学者，由于对西方体系和文化的深切切入，往往会导致天然地对国内的本土历史文化缺乏应有的掌握和体悟，而且大多是一种从学校到学校、从理论到理论的读书学习研究的人生经历，缺失了真正下探生产一线的关键性实践感知。让其担纲推进自主知识体系中国管理学建设，大概率会有意无意陷入自己所熟悉的西方范式盒子里而不能自拔。反过来说，如果其要真正投身于挖掘中华历史文化基因和建构自主知识体系中国管理学之中，往往就意味着对自己赖以安身立命的西方管理学知识体系的批判甚至否定。这是一种艰难的否定自我荣光经历的自我革命，而且自我革命之后能否一定在本土建构领域取得之前在西方管理范式路上狂奔那样的丰硕成果，并无十足的把握和优势。因此，遴选一批洞察西方、深耕本土、丰富实践、哲学统领的学者，担纲推进全新范式的自主知识体系中国管理学建设，是十分重要的。

当前的中国已经进入了一个全新发展的新时代，我们必须对哲学社会科学发展予以一个全新的审视和反思。具体到管理学，是时候回归中国本土情境，深入挖掘中华优秀传统文化之精华，建构更能适应时代发展的自主知识体系中国管理学，向着包括心质管理、自我管理、家庭管理、国家治理在内的指向幸福的本义之管理勇敢而坚定地转向了！